Esperança e fases da vida

Vol. I

Ivonise Fernandes da Motta
Cláudia Yaísa Gonçalves da Silva
(Organizadoras)

Esperança e fases da vida

Vol. I

EDITORA
IDEIAS&
LETRAS

Direção Editorial

Edvaldo M. Araújo

Conselho Editorial

Fábio E. R. Silva

Jonas Luiz de Pádua

Márcio Fabri dos Anjos

Marco Lucas Tomaz

Editor-assistente

Márcio Fabri dos Anjos

Preparação e Revisão

Maria Ferreira da Conceição

Thalita de Paula

Diagramação

Airton Felix Silva Souza

Capa

Mauricio Pereira

1ª impressão

Avenida São Gabriel , 495
Conjunto 42 - 4º andar
Jardim Paulista – São Paulo/SP
Cep: 01435-001
Editorial: (11) 3862-4831
Televendas: 0800 777 6004
vendas@ideiaseletras.com.br
www.ideiaseletras.com.br

Dados Internacionais de Catalogação na Publicação (CIP) de acordo com o ISBD

E77 Esperança e fases da vida / organizado por Ivonise Fernandes da Motta, Cláudia Yaísa Gonçalves da Silva. - São Paulo : Ideias & Letras, 2021.
192 p. ; 16cm x 23cm. – (Psicologia no viver ; v.1)

Inclui bibliografia.
ISBN: 978-65-87295-13-8

1. Psicologia. 2. Esperança. 3. Fases da vida. I. Motta, Ivonise Fernandes da. II. Silva, Cláudia Yaísa Gonçalves da. III. Título. IV. Série.

2021-1702 CDD 150
CDU 159.9

Elaborado por Vagner Rodolfo da Silva - CRB-8/9410

Índices para catálogo sistemático:
1. Psicologia 150
2. Psicologia 159.9

Sumário

Notas sobre os autores
Esperança e fases da vida - Vol. I

Alaide dos Santos Oliveira Penaquio: Psicóloga clínica, especialista e pós-graduada em Psicologia Hospitalar. Co-autora dos livros *Você sabe o que eu sinto?* (Revinter, 2003) e *Conversando sobre luto com adultos e crianças* (Appris, 2017). E-mail: penaquio@uol.com.br

Aparecida Malandrin Andriatte: Membro associado da SBPSP, mestre em Psicologia da Saúde, psicóloga, pedagoga, professora universitária. Organizadora do livro *Conversando sobre luto com adultos e crianças* (Appris, 2017). E-mail: amandriatte@gmail.com

Carolina Mourão Franco de Sá Barros: Psicóloga formada pela UFAM, mestranda do Programa de Pós-Graduação em Psicologia Clínica do IP-USP e bolsista CNPq. Pesquisadora do LAPECRI – Laboratório de Pesquisa sobre o Desenvolvimento Psíquico e a Criatividade em Diferentes Abordagens Psicoterápicas (IPUSP). E-mail: carolinamourao@usp.br

Claudia Stella: Psicóloga, mestre e doutora pela Pontifícia Universidade Católica de São Paulo. Desde sua formação tem se dedicado à atuação em Psicologia Clínica, bem como ao ensino e pesquisa em Psicologia. Seu interesse compreende as áreas de Psicologia do Desenvolvimento Humano, Psicanálise, Educação, Políticas Públicas, Comunidades e Migração. Atualmente é pesquisadora do Child Lab na University of British Columbia – Canadá. E-mail: claudiastella.br@gmail.com

Cláudia Yaísa Gonçalves da Silva: Psicóloga clínica, professora do ensino superior. Doutoranda em Psicologia Clínica pelo Instituto de Psicologia da USP. Especialista em Psicanálise:Teoria e Clínica (Necpar/UniCesumar). Pesquisadora do LAPECRI – Laboratório de Pesquisa sobre o Desenvolvimento Psíquico e a Criatividade em Diferentes Abordagens Psicoterápicas (IPUSP). Realiza estudos sobre criatividade e desenvolvimento emocional na adolescência e juventude. E-mail: claudia@psico.life

Cláudio Aparecido da Silva: Mestre em Educação. Especialização em Filosofia; Didática e Metodologia; Gestão da Administração. Estuda a Motivação na Educação e Educação Integral. Ministra cursos e palestras para instituições educacionais e empresas. Professor de MBA e Pós-Graduação. Diretor executivo do Instituto Educacional Nossa Senhora da Alegria de Apucarana-PR. E-mail: claudiosilvaprof@gmail.com

Fernanda Borques da Silva: Graduanda em Psicologia pela Universidade de São Paulo (USP). É graduada em Engenharia Aeronáutica pelo Instituto Tecnológico de Aeronáutica (ITA). E-mail: fernandaborques@gmail.com

Gisele Gressler: Psicóloga clínica, especialista em Psicoterapia Psicanalítica pelo Ceapia (RS). Organizadora dos livros *Você sabe o que eu sinto*? (Revinter, 2003) e *Conversando sobre luto com adultos e crianças* (Appris, 2017). E-mail: gigress@gmail.com

Ivonise Fernandes da Motta: Professora Livre Docente do Departamento de Psicologia Clínica do Instituto de Psicologia da USP (IPUSP). Orientadora do Programa de Pós-Graduação em Psicologia Clínica do IPUSP, Mestrado e Doutorado. Coordenadora do LAPECRI – Laboratório de Pesquisa sobre o Desenvolvimento Psíquico e a Criatividade em Diferentes Abordagens Psicoterápicas. Supervisora do Curso de Especialização em Psicoterapia Psicanalítica (CEPSI-UNIP). Psicoterapeuta de crianças, adolescentes e adultos. Autora do livro *Orientação de pais: Novas perspectivas no desenvolvimento de crianças e adolescentes.* Organizadora de vários livros, dentre eles: *D. W. Winnicott na Universidade de São Paulo*; *A clínica e a pesquisa do final do século*: *Winnicott e a Universidade*; *Psicanálise no século XXI: As conferências brasileiras de Robert Rodman*; *Violência e sofrimento de crianças e adolescentes na perspectiva winnicottiana*; *Psicologia: Relações com o contemporâneo*. E-mail: ivonise.motta@gmail.com / ivonise@usp.br

Lígia Barboza Moreira Santos: Psicóloga formada pela UFSCar, com aprimoramento em Psicologia Clínica e Hospitalar pelo IAMSPE. Mestranda no Programa de Psicologia Clínica do IP-USP. Pesquisadora do LAPECRI – Laboratório de Pesquisa sobre o Desenvolvimento Psíquico e a Criatividade em Diferentes Abordagens Psicoterápicas (IPUSP).
E-mail: ligia.b.moreira@gmail.com

Margarete F. Schiavinatto: CRP 61621. Psicoterapeuta Psicanalítica pela Universidade Metodista de São Paulo (2000), com formação em conciliação e mediação de conflitos familiares. Formação em Psicoterapia mediada por tecnologia. Escritora e autora dos livros *Sobrevir poemas* (1995) e *A pequena ópera do sentido* (2005). www.navaranda.blog.br - www.margareteschiavinatto.com.br. E-mail: margarete.schiavinatto@gmail.com

Maria Aparecida Mazzante Colacicco: Professora Doutora. Psicóloga Clínica, trabalhou na Clínica Psicológica da USP. É avaliadora de porte de arma de fogo de nível federal. Pós-doutora pela Universidade de Coimbra, Portugal. Trabalha com famílias, adolescentes e adultos.
E-mail: mazzante@alumni.usp.br

Maria Cecilia Fonseca: Médica, psicóloga. Membro efetivo da Sociedade Brasileira de Psicanálise do Rio de Janeiro (SBPRJ); Membro Associado da Sociedade Brasileira de Psicanálise de São Paulo (SBPSP); Full Member da International Psychoanalitycal Association (IPA); professora e supervisora do Instituto Winnicott de São Paulo; membro da International Winnicott Association (IWA). E-mail: macefonseca@uol.com.br

Mariana Balieiro Mussoi: Psicóloga Clínica de formação, especialista em Psicologia Clínica pelo CFP, especialista em Psicoterapia do Adulto Maduro pelo Instituto Cyro Martins em Porto Alegre, mestre em Psicologia Clínica pela USP, membro do Grupo dos Encontros Brasileiros sobre o Pensamento de D. W. Winnicott. Autora dos livros *Um tempo em mim* (2019) e *Tessitura humana* (2020), ambos pela editora Patuá. Proprietária do Espaço Winnicott Santa Maria. E-mail: mbmussoi@gmail.com

Marisa Cintra Bortoletto: Psicóloga clínica. Fundadora e diretora do Verbo Clínica Psicológica. Resp. técnica junto ao CRP-SP. Mestre em Psicologia Clínica pela PUC-SP. Especialista em Psicoterapia Psicanalítica – CEPSI-USP. Presidente da Associação de Psicoterapia Psicanalítica – APP (gestão 2012-2015). Especialista no atendimento de crianças e adolescentes – CINAPSIA, SBPSP. Supervisora teórico-clínica e psicoterapeuta psicanalítica. Autora da obra *Convênios psicológicos e psicoterapia psicanalítica* (Escuta, 2009). E-mail: marisa.cbortoletto@gmail.com

Maryrose Fernandes Bolgar: Psicóloga, psicoterapeuta psicanalítica pelo Chicago Institute of Psychoanalysis, conselheira clínica em saúde mental na Nova Southeastern University, Flórida (USA). Co-autora do livro *Conversando sobre luto com adultos e crianças* (Appris, 2017).
E-mail: mf_bolgar@hotmail.com

Paulo Yoo Chul Choi: Graduando em Psicologia pela Universidade de São Paulo (USP). Premiado pela Sociedade Brasileira de Psicologia (SBP) e pela Pró-Reitoria de Pesquisa da Universidade de São Paulo (USP). Atualmente é membro do Grupo de Pesquisa em Psicologia do Desenvolvimento Moral (GPDM). E-mail: paulo.choi@usp.br

Rita Tropa Alves dos Santos Marques: Graduada e mestre em Psicologia Clínica pela Faculdade de Psicologia da Universidade de Lisboa; doutora em Psicologia Clínica pelo Instituto de Psicologia da Universidade de São Paulo. Psicóloga clínica do Serviço de Adoção, Acolhimento Familiar e Apadrinhamento Civil da Santa Casa da Misericórdia de Lisboa.
E-mail: ritatropa@hotmail.com

Yara Ishara: Graduada em Psicologia pelo Instituto de Psicologia da Universidade de São Paulo. Especialista (pós-graduação *lato sensu*) pelo Instituto de Psiquiatria do Hospital das Clínicas da Universidade de São Paulo. Mestre em Psicologia Clínica pelo Instituto de Psicologia da Universidade de São Paulo. Atua como psicóloga clínica e na área de infância e juventude. E-mail: yaraesd@gmail.com

Notas sobre os autores

Adriana Marie Kimura: Psicóloga clínica, especialista em Neuropsicologia pelo Centro de Estudos em Psicologia da Saúde – CEPSIC. Especialista em Psicologia Hospitalar pelo Instituto Central do Hospital das Clínicas da FMUSP. Pós-graduanda do curso de especialização em Psicoterapia Psicanalítica Prof. Ryad Simon – CEPSI.
Email: adrianamarie@gmail.com

Andrea Ramalho Miranda: Psicóloga pela PUCSP. CINAPSIA – Sociedade Brasileira de Psicanálise de São Paulo. Aprimoramento em Psicoterapia Psicanalítica – PUCSP. Artista visual – Universidade de Belas Artes de São Paulo. Licenciada em Artes Visuais pela Faculdade de Educação e Cultura Montessori. E-mail: mirandaandrea61@gmail.com

Cláudia Catão: Professora; psicanalista. Doutora em Psicoterapia *On-line*/Psicologia Clínica pelo IPUSP. Pós-graduada em Innovation Health Care pela Wharton School of Medicine e em e-Health pela Universidade de Sidney. E-mail: claudiacataosiqueira@hotmail.com

Claudia Stella: Psicóloga, mestre e doutora pela Pontifícia Universidade Católica de São Paulo. Desde sua formação tem se dedicado à atuação em Psicologia Clínica, bem como ao ensino e pesquisa em Psicologia. Seu interesse compreende as áreas de Psicologia do Desenvolvimento Humano, Psicanálise, Educação, Políticas Públicas, Comunidades e Migração. Atualmente é pesquisadora do Child Lab na University of British Columbia – Canadá. E-mail: claudiastella.br@gmail.com

Cláudia Yaísa Gonçalves da Silva: Psicóloga clínica, professora do ensino superior. Doutoranda em Psicologia Clínica pelo Instituto de Psicologia da USP. Especialista em Psicanálise Teoria e Clínica (Necpar/UniCesumar). Pesquisadora do LAPECRI – Laboratório de Pesquisa sobre o Desenvolvimento Psíquico e a Criatividade em Diferentes Abordagens Psicoterápicas (IPUSP). Realiza estudos sobre criatividade e desenvolvimento emocional na adolescência e juventude. E-mail: claudia@psico.life

Fatima Flórido Cesar: psicóloga, psicanalista, mestre e doutora pela PUC/SP; pós-doutora em Psicologia pela PUC/SP e pós-doutoranda pelo Programa de Psicologia Clínica da USP. Autora dos livros *Dos que moram em móvel-mar: A elasticidade da técnica psicanalítica*; *Asas presas no sótão: Psicanálise dos casos intratáveis*; e *Do povo do nevoeiro: Psicanálise dos casos difíceis*. Autora de artigos em periódicos diversos.
E-mail: fatacesar@gmail.com

Gina Khafif Levinzon: Doutora em Psicologia Clínica pela USP. Psicanalista, membro efetivo da Sociedade Brasileira de Psicanálise de São Paulo. Professora do curso de especialização em Psicoterapia Psicanalítica CEPSI-UNIP. Coordenadora do Grupo de Estudos sobre Parentalidade e Adoção na SBPSP. Autora dos livros *A criança adotiva na psicoterapia psicanalítica*; *Adoção*; e *Tornando-se pais: A adoção em todos os seus passos.*
E-mail: ginalevinzon@gmail.com

Gislaine Chaves: Psicóloga. Doutoranda em Psicologia Clínica pelo Instituto de Psicologia da Universidade de São Paulo. Mestre em Psicologia (IPUSP). Especialista em Psicologia Clínica Hospitalar em Cardiologia pelo Instituto do Coração (InCor/HC/FMUSP), com aprimoramento profissional em Avaliação Clínica Psicodinâmica. Busca compreender os comportamentos autolesivos perpetrados por jovens adolescentes a partir da perspectiva psicodinâmica. E-mail: gislaine.ch@usp.br

Gustavo Vieira: Psicólogo e doutorando em Psicologia Clínica pelo Instituto de Psicologia da USP (IPUSP). Integrante do grupo de pesquisa (CNPq/USP) Clínica de Grupos e Instituições: Abordagem Psicanalítica (CLIGIAP) e do Laboratório Interinstitucional de Estudos da Intersubjetividade e Psicanálise Contemporânea (LIPSIC).
E-mail: gustavovs@usp.br

Ivonise Fernandes da Motta: Professora Livre Docente do Departamento de Psicologia Clínica do Instituto de Psicologia da USP (IPUSP). Orientadora do Programa de Pós-Graduação em Psicologia Clínica do IPUSP, mestrado e doutorado. Coordenadora do LAPECRI – Laboratório de Pesquisa sobre o Desenvolvimento Psíquico e a Criatividade em Diferentes Abordagens Psicoterápicas. Supervisora do Curso de Especialização em Psicoterapia Psicanalítica (CEPSI-UNIP). Psicoterapeuta de crianças, adolescentes e adultos. Autora do livro *Orientação de pais: Novas perspectivas no desenvolvimento de crianças e adolescentes*. Organizadora de vários livros, dentre eles: *D. W. Winnicott na Universidade de São Paulo*; *A clínica e a pesquisa do final do século: Winnicott e a Universidade*; *Psicanálise no século XXI: As conferências brasileiras de Robert Rodman*; *Violência e sofrimento de crianças e adolescentes na perspectiva winnicottiana*; *Psicologia: Relações com o contemporâneo*.
E-mail: ivonise.motta@gmail.com / ivonise@usp.br

Leila Salomão de La Plata Cury Tardivo: Professora associada do Instituto de Psicologia da USP na graduação e na pós-graduação (orientadora de mestrado, doutorado e pós-doutorado). Membro da Academia Paulista de Psicologia (Cadeira 23), e da Red Global de la Práctica Clínica (RGPC) da OMS. Professora colaboradora da Faculdade de Psicologia da Universidade de Sevilha. Coordena o Laboratório de Saúde Mental e Psicologia Clínica Social do IPUSP (APOIAR e Apoiar *on-line*).
E-mail: tardivo@usp.br

Loreiny Claro dos Passos: Psicóloga clínica, graduada pelo Centro Universitário Adventista de São Paulo (UNASP – SP). Psicoterapeuta de crianças, adolescentes e adultos. Está em formação psicanalítica pelo Instituto Brasileiro de Psicanálise Winnicottiana (IBPW).
E-mail: loreiny.claro@gmail.com

Marcus Felipe Heles: Estudou Psicanálise no CBP/RJ e na EPSP, e Artes Dramáticas na Martins Penna/RJ. Graduado em Administração pela Faculdade Pitágoras e pós-graduado em Gestão de Pessoas e Projetos Sociais pela UNIFEI/MG, atualmente faz parte do Grupo de Estudo em Winnicott, coordenado pela professora Ivonise Fernandes da Motta, e atua como psicanalista no Nosso Consultório de Psicanálise.
E-mail: felipeavlis3@gmail.com

Marina Ramalho Miranda: Psicóloga e psicanalista docente e membro efetivo da Sociedade Brasileira de Psicanálise de São Paulo e da International Psychoanalytical Association (IPA). Mestre e doutora em Psicologia Clínica pelo Núcleo de Psicanálise da PUCSP. Especialista em Saúde Mental pela Faculdade de Saúde Pública da USP. Supervisora clínica e especialista em Psicologia Clínica pelo CRP-SP – Conselho Regional de Psicologia de São Paulo. Membro do COWAP (Women and Psychoanalysis Committee - IPA). E-mail: m.r.miranda@uol.com.br

Marina F. R. Ribeiro: Psicanalista; professora doutora do IPUSP; professora do Programa de Estudos Pós-graduados em Psicologia Clínica do IPUSP; coordenadora do LipSic (Laboratório Interinstitucional de Estudos da Intersubjetividade e Psicanálise Contemporânea, IPUSP/PUCSP). Autora e co-autora dos livros *Melanie Klein na psicanálise contemporânea: Teoria, clínica e cultura* (2019); *Por que Klein?* (2018); *Para além da contra-transferência: O analista implicado* (2017); *Bion em nove lições: Lendo transformações* (2011); *De mãe em filha: A transmissão da feminilidade* (2011); *Balint em sete lições* (2012); *Infertilidade e reprodução assistida: Desejando filhos na família contemporânea* (2004); além de artigos em periódicos. E-mail: marinaribeiro@usp.br

Nadja Nara Barbosa Pinheiro: Professora associada do Departamento de Psicologia da Universidade Federal do Paraná e do Programa de Pós-graduação em Psicologia (Depsi/UFPR). Doutora em Psicologia (Puc-RJ) com pós-doutorado em Psicanálise e Psicopatologia (Sorbonne/Paris 7). Coordenadora do Laboratório de Psicanálise (UFPR).
E-mail: nadjanbp@hotmail.com

Nirã dos Santos Valentim: Doutora em Psicologia Clínica pelo Instituto de Psicologia da USP, pesquisadora na área de oncologia no câncer de mama e psicanálise, docente da graduação de Psicologia da Universidade Municipal de São Caetano do Sul, psicóloga clínica com especialização em psicoterapia breve de orientação psicanalítica (PBO).
E-mail: niravalentim@gmail.com

Pablo Castanho: Professor doutor do Departamento de Psicologia Clínica do Instituto de Psicologia da USP (IPUSP). Líder do grupo de pesquisa (CNPq/USP) Clínica de Grupos e Instituições: Abordagem Psicanalítica (CLIGIAP) e coordenador do Laboratório Interinstitucional de Estudos da Intersubjetividade e Psicanálise Contemporânea (LIPSIC). Membro do Núcleo de Estudos de Saúde Mental e Psicanálise das Configurações Vinculares (NESME). E-mail: pablo.castanho@usp.br

Pedro Belarmino Garrido: Psicólogo formado pela USP; membro da COESAS/SBCBM – Sociedade Brasileira de Cirurgia Bariátrica e Metabólica, Núcleo Saúde Mental; psicanalista membro do Departamento de Formação em Psicanálise do Instituto Sedes Sapientiae; coordenador da Gesto Psicanálise; mestrando do Departamento de Psicologia Clínica da USP. Pesquisador do LAPECRI – Laboratório de Pesquisa sobre o Desenvolvimento Psíquico e a Criatividade em Diferentes Abordagens Psicoterápicas (IPUSP). E-mail: pbgarrido@hotmail.com

Valéria Lucarelli Mocelin: Psicóloga clínica e hospitalar, mestre pela Uninove, especialista em Psicologia Hospitalar pelo Hospital do Servidor Público Estadual e pós-graduada em Psicoterapia Psicanalítica pela

USP. Atua em hospitais privados e públicos em SP. É docente e supervisora de estágios do curso de Psicologia na Uninove há 13 anos. Coordenadora/instrutora de treinamento de habilidades de comunicação de más notícias por simulação realística há 10 anos.
E-mail: profavaleriamocelin@gmail.com

Apresentação

Esperança e viver

A lenda de Pandora é expressiva e magnífica, mas está completamente subdimensionada em relação a nossos tempos. Os males atuais não caberiam em uma bolsa, num contêiner, nem em um armazém ou entreposto, porque enchem a Terra por inteiro, trazendo catástrofes de proporções incalculáveis. São catástrofes previsíveis e sistemáticas: descontrole das mudanças climáticas, quebra da biodiversidade, destruição dos ecossistemas e das florestas, esgotamento dos recursos naturais, superpopulação, poluição incontrolável, capitalismo desregulado, ameaça nuclear, desigualdades sociais gritantes, governos irresponsáveis, cegos e corruptos, guerras e conflitos armados, terrorismo e violência extrema, pandemias, negacionismo científico e diferentes formas de pisoteamento maciço do planeta e de tudo o que nele vive. Provocam incertezas, temores generalizados diante do futuro e, especialmente, desesperança. Esta conduz ao niilismo, ao pessimismo e à visão trágica da vida. Que fazer? O velho Heráclito de Éfeso, no fragmento nº 18, já dizia que "sem esperança não se encontrará o inesperado, que é inencontrável e inacessível". Ela não nos deixa inermes, pondo-nos em movimento a favor da vida. Pela esperança, a dimensão catastrófica deixa de ser apocalíptica, e a colapsologia abraça a colapsosofia. Esta encara as vicissitudes e aponta novos caminhos. Daqui nascem justamente as bases das novas abordagens dos problemas e de suas soluções globalistas e humanizantes.

Nesse contexto coloca-se a importância deste livro. Necessitamos de fundamentos para o pensamento e a ação no mundo atual, destinados a compreender e a explicar em que consiste a esperança. Por essa razão, Ivonise Fernandes da Motta organiza um grupo de estudiosos e pesquisadores ligados ao Instituto de Psicologia da Universidade de São Paulo com a finalidade inusitada de refletir exatamente sobre a esperança, numa abordagem mental que não dispensa, todavia, a interdisciplinaridade e a transdisciplinaridade. Parte do princípio de constituição da subjetividade pela presença viva de si mesmo e do outro, como eventos indispensáveis à esperança. Esta não se constitui como maná que cai do céu, e sim como produto de evolução mental nas relações do ser consigo próprio e com o mundo. A integração das experiências com as noções de si mesmo, com a consciência de si e com a experiência de existência própria é o que há de mais importante, tendo como ponto de partida e de chegada o conceito de verdadeiro *self* de Winnicott. Um conceito nodal, sem o qual seria impossível a esperança, porque seria impossível a verdadeira vinculação. O ímpeto pela vida pode ser consciente, inconsciente ou oclusivo, mas depende dos recursos de que dispomos, ao estarmos genuinamente de posse de nós próprios. Vida e ser são uma só e mesma unidade, e o que nos faz prosseguir e lutar contra as vicissitudes é o sentido de vida dentro de nós, ligado ao ser. Se o ser é vida e se o querer-viver está presente em nós como força universal, daqui emana uma formidável energia, que põe em movimento o amor à vida, estendendo-se aos demais, à natureza e ao Universo. Para os autores do presente livro, em especial para Ivonise Fernandes da Motta, a esperança coloca-se como um constructo na dimensão de existência entre o ser e o mundo, alargando-se para abarcar a cultura, a comunicação e a criação.

Se a esperança não pode ser dissociada do contato com o próprio ser, ela nasce de um todo perfeitamente identificável, que Winnicott chamou de *holding* materno e que se espalha por todo ambiente suficientemente bom, isto é, amoroso. Isso se realizará somente se o ser da criança for autorreconhecido em seus fundamentos. Para tanto, necessita ser reconhecido pelo ser da mãe ou de quem a substitua, mas só pode se efetivar se a mãe se reconhece a si mesma como ser. Caso contrário, a criança terá dificuldades de, sozinha, dar conta do autorreconhecimento como ser. Dentre os cuidados maternos precoces, esse é o mais importante, porque as faltas e falhas básicas iniciais caracterizam e instalam o distanciamento de contato da pessoa com seu próprio ser.

Se para a integração com o mundo e para a significação deste é essencial que haja *holding* e autorreconhecimento, então é possível perder ou não adquirir a suficiência dessa experiência. Se o amor à vida e, como decorrência, à esperança, dizem respeito ao contato com o ser e, deste com o mundo, é necessário o conhecimento das leis do contato e do distanciamento de contato. Toda a questão reside em determinar no ser humano os níveis e graus do contato, assim como operar no sentido do predomínio das experiências vivas e vitais. Trata-se, pois, de uma psicanálise lastreada no conhecimento das funções de perda e retomada do contato com o ser interior, em que estão implicadas as leis do distanciamento de contato e suas consequências. Elas não se circunscrevem a dinâmicas individuais, mas se alastram à esfera coletiva e definem as relações com a cultura, com a sociedade e, em ampla escala, com a natureza, a vida e o cosmos.

Alargando-se o modelo estribado no contato, sabemos que pelo distanciamento surgem comumente as decorrências da fragilidade e do esvaziamento do *self* (como também da angústia de dissipação do *self*), manifestas sob as formas de excessos de sensorialidade. Ao se examinar a sensorialidade, distinguem-se claramente a coisificação da vida, a brutalização dos relacionamentos, a destrutividade voltada contra os seres vivos, a insensibilidade relativa à natureza em geral, bem como inúmeras modalidades de perturbações psíquicas. A partir das concepções de Winnicott sobre o núcleo central, desenvolveu-se um modelo teórico e uma prática psicanalítica que consistem em configurar parâmetros (expressos por fatores básicos em interação), cuja função precípua está em localizar, relativamente a cada indivíduo, seus focos centrais de conflitos e turbulências. Temos observado que isso se correlaciona com o distanciamento de contato. Pelo contato efetivamente realizado, porém, são fortalecidas a capacidade de enfrentamento dos percalços e a de encarar os sofrimentos impostos pela vida. Se os relacionamentos internos e externos não forem demasiadamente sensoriais e concretistas, as significações mais nítidas da realidade tenderão a aparecer e, com elas, o amor à vida. Aqui se coloca, antes de tudo, a esperança, que se perde ante o niilismo, o pessimismo e a tragicidade inerentes ao distanciamento extremado de contato. A esperança primordial é aquela de sobreviver às vicissitudes. Significa manter pleno contato com o elemento vivo interior, que conduz a energia de superação. A vida é medida pelo que promete e realiza em termos de superação do sofrimento e de alcance da alegria. Na base desse processo está a dimensão de experiências no espaço potencial, descrito por Winnicott, que corresponde *mutatis mutandis* às experiências de contato com a não sensorialidade do ser interior.

A descrição minuciosa e o conhecimento psicanalítico dos fatores obstrutivos e interferentes ao contato fazem diferença, pelo predomínio da construtividade sobre a destrutividade. Aqui se inserem, em primeiro lugar, os efeitos devastadores de um inimigo interno, que habita de modo sub-reptício a mente humana e necessita ser analisado. Essa é uma força extremamente poderosa (em interação com os demais fatores) que se volta para a infelicidade e impede toda esperança. Todavia, em um contexto compreensivo de conjunto, cada fator tem seu lugar e sua ação, de modo que a análise da mente pode se direcionar aos fatores, em vez de circular aleatoriamente em busca dos elementos esparsos. Se a análise consegue ir ao fundo dos problemas em escala individual, ela certamente propiciará seus efeitos em escala coletiva.

Do que dissemos até aqui, ressalta-se a questão principal de este livro estar fundamentado no exercício da esperança, que consiste em lidar com a mente. Se essa tarefa for bem-sucedida, estabelece-se ou restabelece-se o contato com as fontes originais da vida e do viver, onde a esperança não é símbolo vazio. Em vez de simples otimismo, ela está em relação genuína com o sentido real que o mundo possui, desde que a mente se livre de dificuldades e interferências ao contato com a realidade interna e externa.

Nesse caso, verifica-se clinicamente ser possível a limpeza das portas da percepção, na acepção dada por William Blake, em que a mente se torna límpida e receptiva à novidade e à surpresa. À ampla abertura da mente e à profunda ligação temos chamado de experiência de imaterialidade, que ocorre em estado de expansão de consciência. Aqui se coloca um novo fator relacionado ao contato com o ser interior. Na expansão, alargam-se o contato e a compreensão do mundo, que se transforma em lugar de vida e de esperança. O espaço potencial da não sensorialidade encontra a imaterialidade do mundo, geralmente expressa sob as formas de radiância, harmonia, transfiguração, eteridade, atemporalidade, primordialidade, infinitude, totalidade e mistério. Trata-se, aqui, de uma espiritualidade fenomênica, encontrada no próprio plano da imanência.

O presente livro é constituído pela reunião de estudos, reflexões e pesquisas que apontam a direção da esperança, como fio condutor da fé na vida que constrói. Ela é uma disposição mental que, diante da adversidade, faz evitar o pior e estimula a ir em frente, propondo-se a acreditar no que é bom; nesse sentido, diferencia-se de ilusões, crenças, ideologias e impulsos destrutivos. Mais ainda, conecta-se com a realização de contato com o ser interior, distinguindo-se de todo excesso de sensorialidade. Não se refere, portanto, a expectativas de vencer a guerra nem de derrotar o inimigo, porque, se o ser é vida, como dissemos, ela é experienciada no espaço potencial como visão de sonhos para a vida, imagens artísticas espontâneas, abertura mental, mobilidade, liberdade, leveza, fluidez, amplitude e inúmeros outros aspectos próprios da não sensorialidade. A partir desse ponto, pode-se construir uma relação aprimorada com o mundo, tornando-o um lugar caloroso, pleno de vida e de amor.

Walter Trinca

Psicanalista (Membro Efetivo da Sociedade Brasileira de Psicanálise de São Paulo) e Professor Titular do Instituto de Psicologia da Universidade de São Paulo.

INTRODUÇÃO:
VIVER E MUDAR

Ivonise Fernandes da Motta

Há períodos em nossas vidas nos quais os projetos e afazeres do cotidiano são acompanhados por um clima de eternidade. Nesses períodos, o sentimento é de imortalidade. A morte está em um tempo muito distante.

Doenças em crianças, acidentes e perdas permanecem longe de nossa experiência mantendo a ideia de que a morte está relativamente afastada.

Com a pandemia que eclodiu em nossas vidas no ano de 2020, fomos forçados subitamente a enfrentar a noção de que a morte pode ocorrer em qualquer tempo e para qualquer um: crianças, adolescentes, adultos e idosos. Pessoas das mais diferentes classes sociais, dos mais diferentes lugares e culturas. A morte deixou de ser teoria para tornar-se possibilidade real.

O coronavírus ou COVID-19 apareceu de algum lugar da realidade exterior e ameaça a nossa continuidade enquanto indivíduos. Muitas catástrofes aconteceram e acontecem desde o início dos tempos nos apresentando essa possibilidade.

Um evento contundente foi o ataque às Torres Gêmeas em 11 de setembro de 2001. Subitamente tivemos contato com a possibilidade da morte a qualquer momento. Pudemos conceber que a proteção que sentíamos como garantida era uma ilusão sob vários aspectos da realidade objetiva. Pudemos visualizar que traumas ocorrem em vários períodos de nossas vidas, sem previsão.

Quando crianças, temos a noção de que o pai ou a figura que cumpre a função paterna nos protegerá da morte e que nunca morrerá. Figura indestrutível que nos protegerá dos vários perigos quando caminhamos pelo mundo e tentamos negar de várias formas possíveis o fato inegável da morte.

A possível morte de tudo que existe é inaceitável. Com os acontecimentos desde o início de 2020 decorrentes do surgimento da COVID-19, fomos forçados a compreender que realmente morremos e que no final não há nada que nos proteja da morte.

A pandemia coloca de lado tudo que temos ou que tínhamos como garantido em termos de proteção. Nisso cabe incluir a confiança que poderíamos ter e manter na camada de ozônio, nas funções defensivas do sol, dos oceanos e da floresta amazônica.

A qualquer momento um acontecimento pode destruir milhares de vidas. Podem surgir doenças como o ebola e o coronavírus e ameaçar a nossa sobrevivência mesmo com os recursos que temos de tecnologia, de imunidade e proteção.

Queremos sobreviver e a psicoterapia *on-line* no ano de 2020 se apresenta como um canal para o contato e enfrentamento da dor, do sofrimento e do mal-estar. Usamos máscaras, luvas e celulares tentando nos proteger e comunicar.

Aprendemos com nosso trabalho clínico que uma das necessidades básicas da natureza humana é a comunicação. Necessidade esta que nos conecta ao sentimento de continuidade da existência e ao sentimento de valor da vida. O sentimento de que vale a pena viver, apesar das adversidades.

As medidas de prevenção contra a contaminação do coronavírus nos colocaram em isolamento. Afastados de nossas atividades usuais, do convívio com familiares, do convívio social, muitas angústias e sentimentos emergem. Nessa perspectiva, uma questão fundamental surge: a solidão. Solidão que pode trazer à tona muitas crises e angústias.

A capacidade para ficar só depende da experiência e sentimento de ficar só na presença de alguém. A solidão pode ser sentida como queda, vazio, inexistência de si mesmo. Estar na presença de uma experiência de diálogo com alguém confiável pode ser de grande ajuda e ser gerador de mudanças e transformação.

A solidão onde há presença de outras pessoas nos coloca em contato com um tipo de relacionamento onde há comunicação e a experiência de receber e dar cuidados. Nessa experiência encontramos a base da condição de acreditar, o lugar da confiabilidade.

Quando o diálogo, a interlocução, encontra outro que é presença viva, encontramos a experiência de cuidar, a experiência da confiança e, em última instância, de acreditar.

Em tempos de pandemia, o atendimento psicoterápico *on-line* pode facilitar o contato com esses aspectos fundamentais do viver, e, nessa direção, propiciar a experiência do encontro. O encontro com a esperança.

Nessa compreensão da natureza humana, esperança tem por base o registro, a memória de experiências de mutualidade, de reciprocidade, de diálogo com os cuidadores do nosso caminho desde o nascimento, ou mesmo antes, permeando diferentes fases da vida até a velhice e a morte.

A esperança nos direciona para a confiança em encontrar o que se necessita, o que se busca. Contém a possibilidade de sonhar com o amanhã. Na esperança há o registro da experiência positiva, do encontro com o outro que é presença viva.

Na constituição da subjetividade essas memórias são construídas na corporeidade. Desde o útero, o parto, a amamentação e durante a vida, cuidados físicos sustentam e dão base para um viver em que essa constituição edifica confiança. Confiança com base no diálogo corporal com a mãe no início da vida e com os outros com quem nos relacionamos, aqueles que fornecem as provisões necessárias à nossa sobrevivência e crescimento. Confiança que nos guia em direção à realidade objetiva e à realização de projetos e sonhos de futuro.

Em tempos de pandemia, a experiência de atendimento *on-line* tem se mostrado positiva. Possibilidade de interlocução, diálogo que tem se mostrado de valor na travessia de crises compartilhadas por pacientes e terapeutas. Temos dito no Brasil: "*Estamos todos no mesmo barco*".

Uma das características que se faz presente nesse tipo de atendimento é a flexibilidade do terapeuta. O terapeuta realiza mudanças para um novo *setting*, com características novas e inovadoras adaptadas à realidade compartilhada atualmente na pandemia e a história singular da vida de cada um dos pacientes. Mudar é presença viva nos atendimentos clínicos da atualidade.

Em atendimentos presenciais, em que temos um paciente com sua presença com corporeidade, na psicoterapia há um *setting* definido: local, horário, limites. Um corpo que comunica suas angústias, sentimentos, temores.

Nos atendimentos *on-line*, ou seja, onde não há corporeidade, temos a voz e a imagem. Com essas dimensões, a linguagem, através da voz com sua melodia e inflexões, comunica peculiaridades desse diálogo vivo ou de busca de encontro com reciprocidade e alteridade. A imagem nos traz a possibilidade de encontro com um rosto que comunica, que expressa sentimentos, angústias e conflitos.

Com esse olhar e compreensão da crise que vivenciamos, o atendimento *on-line* é a possibilidade de inserção do outro no isolamento e nas privações necessárias à prevenção e tratamento do coronavírus. A função especular característica do atendimento psicoterápico resgata e fortalece a ligação com o rosto que comunica. Nesse caminho, o contato consigo mesmo propiciado pela psicoterapia veicula a busca para encontrar a si mesmo, as necessidades, os interesses, os desejos. Surge a expectativa de um futuro. Esperança de uma vida com saúde, morada de um diálogo com outro. Retomada de um caminho interrompido com violência por agentes estranhos a nosso viver, a nossa crença em viver com proteção e segurança.

A tecnologia tornou possível a presença viva e real do psicoterapeuta, interessado de maneira genuína no paciente, no trabalho psicoterápico em realização, ultrapassando a distância física por meio da voz e imagem. A tecnologia viabilizou uma nova forma de contato inter-humano.

Tentamos recuperar um ambiente com alguma proteção e segurança. Tentamos recuperar um sentimento de proteção suficiente para continuarmos amadurecendo e vivendo.

Diante das considerações acima descritas e de acordo com alguns conceitos psicanalíticos, a confirmação dos recursos vitais do paciente pelo psicoterapeuta resgata um ambiente de proteção e segurança.

Nessa época de pandemia, a ameaça da morte nos acompanha no dia a dia. Sentimos medo. O aumento de contato com o medo da morte nos aproxima da reverência e consideração pela natureza e suas leis. O reconhecimento de nossa humildade e respeito a essas leis nos aproxima da necessidade de encontrar nossos pares e a nós mesmos. A tecnologia tornou possível o encontro com a ESPERANÇA.

Neste livro refletimos sobre quatro aspectos. Primeiro, como a *esperança* nos sustenta nas mutações do viver em meio ao necessário desenvolvimento de novas estratégias de contato inter-humano. A tecnologia tem se mostrado facilitadora do contato com o ambiente que nos circunda, assim como o contato com o mundo subjetivo, ou seja, a aproximação com os sentimentos e conflitos humanos.

O segundo eixo do livro aborda a *esperança* nas diferentes fases do desenvolvimento humano: desde o nascimento ou até antes do nascimento, infância, adolescência, idade adulta e envelhecimento.

O terceiro eixo focalizado é o da *esperança* e parentalidade. O lugar da mãe e do pai na atualidade suscita muitas reflexões e questionamentos. É nosso objetivo apresentar alguns deles nessa área.

O quarto e último eixo é o da *esperança* e espiritualidade. O lugar da espiritualidade nos dias atuais tem se evidenciado propiciador na superação de crises e fases de muita turbulência como a que vivemos na pandemia do ano de 2020. A morte como possibilidade real nos aproxima da esperança em transcender, em ir além, apesar das dificuldades nesse caminho.

A música e a poesia têm se mostrado ricas e representativas da criatividade e sentimento do ser humano. Ilustrando com poesia a comunicação que é encontro, utilizo os versos de Cora Coralina[1] em "Saber viver":

Saber viver

Não sei... Se a vida é curta
ou longa demais pra nós,
mas sei que nada do que vivemos
tem sentido, se não tocamos o coração das pessoas.

Muitas vezes basta ser:
Colo que acolhe,
braço que envolve,
palavra que conforta,
silêncio que respeita,
alegria que contagia,
lágrima que corre,
olhar que acaricia,
desejo que sacia,
amor que promove.

E isso não é coisa de outro mundo,
é o que dá sentido `a vida.
É o que faz com que ela

1 CORALINA, Cora. "Saber Viver". *50 e mais: Vida adulta inteligente*. Disponível em: https://50emais.com.br/cora-coralina-saber-viver/. Acesso em: 27 nov. 2020.

não seja nem curta,
nem longa demais,
mas que seja intensa,
verdadeira, pura...
Enquanto durar.

Primeira parte
ESPERANÇA E DESENVOLVIMENTO HUMANO

1. A esperança e os ciclos da vida

Alaíde Penaquio; Aparecida Malandrin Andriatte;
Gisele Gressler; Maryrose Bolgar

Há também uma estrada que passa por dentro de nós.
A estrada da esperança.
(Mia Couto)

Nenhuma palavra alcança o mundo, eu sei.
Ainda assim,
Escrevo.
(Mia Couto)

Há no universo uma ciranda. A Ciranda do Viver e Morrer! Esse cirandar é representado de diversas maneiras na natureza: ciclos, estações, movimentos de construção e desconstrução, todos com a sua relevância.

Em tempos de tantas alterações climáticas em nosso frágil planeta Terra, vale a reflexão sobre como as estações do ano nos afetam e como somos afetados por elas. Estamos imersos em uma atmosfera que varia em função de movimentos do nosso planeta. Ciclos de aproximação e distanciamento em seus movimentos de rotação e translação. Variações de pressão e temperatura irão caracterizar o funcionamento do clima, que, por sua vez, determinará qual será o sopro do ambiente. Este sopro influenciará plantações e colheitas, rios e mares, minerais e animais.

Existe uma inexplicável conexão entre os seres animados e inanimados que revela o fato de estarmos conectados a um Todo. O mais recente exemplo dessa conexão globalizada é a pandemia da COVID-19 que enfrentamos, que nos afeta como seres humanos, causando medo e pânico. Entretanto, a maioria mantém a esperança de não se contaminar, de tratar, de curar, de encontrar um remédio, uma vacina. Isso mantém a jornada e resultará em muitas vidas salvas. A confiança de que retomaremos novamente nossa rotina, nosso trabalho e nossos sonhos. Nos afastaremos do pesadelo da impotência e sairemos fortalecidos pelo que aprenderemos desta insólita experiência. Mas o fundamento deste nosso acreditar é a Esperança!

Nessa vivência inédita em nosso século, várias reflexões são possíveis para além da atuação física do vírus. A ação psicológica de uma situação que se iniciou no outro lado do mundo, mas que espalhou preocupação e desorganização na rotina das pessoas. Em poucos meses o homem se depara com sua fragilidade e grandes nações se defrontam com um estado contagiante de impotência. O contágio emocional é tão preocupante quanto o orgânico, nos vemos como uma espécie frágil que necessita se refugiar, como os primatas em suas tocas para se proteger do inimigo, que desta vez é microscópico e invisível, mas pode nos vencer em poucos dias. Estamos todos interligados por nossa condição humana. O que afeta a China, afeta a Europa, e afeta o mundo todo. Como se apresenta na física quântica dentro da perspectiva holográfica, envolvendo a parte e o todo.

A ciência atinge a compreensão de que tudo está interconectado, como os místicos já diziam há séculos. Vida e morte são faces do funcionamento da natureza. Começo e fim – fim e começo. Da forma como nos apresenta Ítalo Calvino no livro *As Cidades Invisíveis*: a cidade dos não nascidos – a cidade dos nascidos – e a cidades dos mortos.

Ao refletir sobre o tempo e as suas estações... O outono se apresenta como o princípio do fim, é o tempo da desconstrução. As árvores se despem do vitalizado verde, vestem o apertado e resistente pijama marrom dos galhos e troncos, para o inverno que chegará. O movimento é de introversão, de fora para dentro – do inverter – do exterior para o interior. As folhas recobrem o solo e protegem as sementes que estarão em aparente inércia, economizando suas energias para a fertilização que virá – essa é uma esperança codificada pela natureza genética e tudo conspira nessa direção. Trata-se da estação da introspecção que reunirá e preservará forças que carregarão em seu bojo as sementes inverno afora. Está traçada a gestação do novo.

Reclusão... retirada de energia... estes atos não significam que tudo irá desembocar no desespero. O que existe é que da morte nasce a vida e para atravessar o outono e o inverno de nossas dúvidas e incertezas somos ancorados pela Esperança. Sem ela podemos atracar e naufragar em estados mentais disruptivos como o (des)espero.

Em nossas mentes, a palavra esperança surge vestida de verde e nos remete ao ato de esperar. Não a um esperar passivo e amorfo, como os obscuros estados depressivos, mas um esperar com sabedoria... um esperar com fé. A fé de que é possível uma reconstrução do que foi perdido, com o ingrediente que é vital para as ligações e integrações, que é o amor. Não por acaso, as Três Virtudes Teologais são: a Esperança, a Fé e o Amor. Podemos pensar que é inegável a importância da esperança para a preservação da saúde mental. Se não fosse assim, a esperança não ficaria aprisionada quando Pandora abriu a caixa que espalhou todos os males na face da Terra.

Contudo, o que se passa em nós, que não raro somos como que abduzidos pelo estado emocional (des)esperado? Tomemos o arco-íris como um modelo. Um arco que se estende de um lado até atingir o lado oposto. Em um extremo do arco temos o contraditório: sol e chuva, e, no outro, conforme a lenda, um pote de ouro. Forças opostas criam um arco de possibilidades representadas pelo espectro das cores.

O contraditório e improvável pode encontrar um arranjo criativo. Assim se dá em nossa mente quando podemos enfrentar o parcial se misturando aos opostos em nós. Há um *arcobaleno* composto por nossas emoções, que podem ser de natureza frágil e sumidiça como as cores do arco-íris. O que mais importa são nossas atitudes que podem se concentrar na confusão entre o sol e a chuva ou decidir encontrar o pote de ouro dentro de nós. Para incrementar o caminho mais construtivo precisamos saber reconhecer os ciclos, respeitá-los e cultivar a expectação confiando em nossas forças vitalizadoras. O caminhar em direção ao final do arco-íris é mantido pela expectação pelo pote de ouro de nossas riquezas, que são nossos recursos interiores.

O brilho de nossa existência, com certa frequência, é ofuscado pelas tempestades das perdas que turvam o nosso viver. Nos momentos cinzentos em que temos que enfrentar as angústias depressivas somos levados ao confinamento, esta introspecção é parte do nosso processo de amadurecimento. As intempéries que nos assolam, amiúde em ciclos, compõem o processo no qual somos mais fortes se enfrentamos com consciência e responsabilidade o dia a dia do nosso viver.

Cada estação tem seu próprio tempo e seus estágios de evolução. Se uma estação se antecipa, as consequências poderão ser irreversíveis. Por exemplo: num lugar onde o inverno é muito severo e prolongado, se a neve chegar antes que todas as folhas das árvores tenham caído e os donos das casas não tenham o devido tempo para recolhê-las, as árvores irão reter a neve em suas folhas, e se as árvores estiverem em crescimento ou se forem de um tipo mais frágil, poderão não tolerar o peso da neve e perder seus galhos ou mesmo se partir.

Há também mortes que não seguem o ritmo das etapas da vida. Elas desafiam a ordem natural, o ciclo do nascer, crescer, amadurecer e morrer. Falamos dos bebês, das crianças, ou mesmo dos jovens que cada vez mais engrossam as estatísticas de mortes prematuras. Seja por doença, ou por acidente, independente do motivo, são situações muito desesperadoras. Nestes casos, resgatar a esperança e encarar a vida que segue, apesar do imenso vazio que esta perda provoca, é muito difícil. Sofremos por perder a possibilidade do vir a ser, morrem os sonhos, as expectativas, o que ainda era projeto. Contudo, mesmo em um terreno árido vemos brotar a esperança. Este sentimento capaz de fazer um indivíduo reinvestir na vida, acreditar que é possível se reencontrar com a alegria. Tanto que vemos mães que perderam bebês e engravidam novamente, ou casais que, após anos lutando pela cura de um filho sem sucesso, montam ONGs para ajudar outras crianças nas mesmas condições. Sempre é possível manter a esperança e retomar o viver. Que mistério seria este do qual brota, com frequência, esta expectação por algo construtivo?

A esperança é capaz de nos retirar do inverno da alma, que normalmente atravessamos quando perdemos quem amamos. Este é um caminho tortuoso que exige tempo para que o ser possa tecer novos planos resgatando assim sua capacidade de SONHAR.

O fundamental nos invernos de nossa existência é não nos desesperarmos. No extremo do desespero encontram-se emoções desintegradoras e destrutivas, como o ódio, a baixa tolerância à frustração, a irritabilidade, etc., que representam um ataque à nossas condições para o pensar. Quem está (des)esperado não reflete e nem encontra alternativas. Está propenso a entrar em estados em que exageram seus dramas e podem ser engolidos, não pelos obstáculos externos, mas também por suas próprias produções psíquicas que exacerbam os horrores – que muitas vezes não são e nem se tornarão reais. O (des)espero nos afasta da realidade, fomenta as distorções levando ao descontrole e ao pânico, e neste não podemos cuidar de nós e nem dos problemas. O (des)espero que está no extremo oposto da esperança representa as forças desintegradoras e desvitalizantes que nos atacam e nos empurram para um estado mental catastrófico.

Por outro lado, ao manter o foco no outro extremo, temos um motivo para caminhar e estamos alinhados à esperança. Então, o inverno é visto como uma época de possibilidades, sendo tempo de reciclagem, de descanso, de interiorização e expectação. A expectação é poder esperar pelo novo que na primavera surgirá com amorosidade criativa. O outono e o inverno são épocas de estratégias e armazenamentos!

Nesses tempos, nossas energias para enfrentar os obstáculos podem ser nutridas pela esperança, pela fé e pelo amor em relação à vida, quando, então, brotarão para um novo ciclo. No caso contrário, quando o outono for dominado pelo (des)espero, a desordem, a precipitação, o ódio e a (des)esperança aniquilarão a frágil vida incipiente na semente que se fertiliza no inverno.

A possibilidade do indivíduo resgatar a esperança voltando a sentir prazer pela vida, desfrutando das pequenas satisfações do viver passa pela dor e a elaboração das perdas. Assim como o contato com vírus e bactérias podem tornar o indivíduo resistente a eles, a possibilidade do ser viver as diferentes fases da vida, que envolvem perdas e ganhos, capacita-o para elaborar outros lutos. No resgate da esperança é necessário fazer as pazes com a morte e com quem ela levou. A morte não é uma inimiga traidora, ela é uma etapa da vida, é lembrança constante que avisa que nosso tempo é limitado, então é bom aproveitá-lo.

Ficar bem com quem partiu é superar sentimentos ruins que acompanham as relações amorosas. Mesmo amando sentimos raiva, irritação, impaciência, e nem por isso o amor vai embora. O que arrasa com tudo é a indiferença, quando não importa o que o outro faz ou deixa de fazer. Resgatar os sentimentos que vivemos com quem morreu nos lembra que continuamos vivos, e nossa capacidade de amar permanece, não foi perdida junto com quem partiu de nossas vidas.

Também é importante que possamos aceitar que não temos o controle sobre todas as coisas que gostaríamos. A morte pode ser um momento para analisarmos nossa (oni)potência. Diante da (im)potência que sentimos ao acompanhar a morte dos que amamos, temos uma oportunidade para avaliar nossa real POTÊNCIA, nossa capacidade de produzir e fazer dentro da realidade da vida.

Desse modo, a esperança não será calcada na fantasia onipotente dos desejos, mas baseada na realidade do que é possível, nos limites pessoais, aceitando as frustrações inevitáveis, e buscando novas possibilidades.

Quando a experiência pode ser fertilizada pela esperança genuína, levará o indivíduo à realização que preencherá vazios deixados pela dor e o sofrimento. Desta forma, será possível voltar a sorrir diante de uma boa lembrança, ou uma memória de quem partiu, mesmo que os olhos fiquem marejados de lágrimas, numa eterna mistura de paz e saudade.

A escolha é nossa. Como vamos nos nutrir internamente para que possamos estar fortes e mais conscientes para uma escolha mais madura? Há sempre um espectro de possibilidade entre o início e o fim do arco-íris. Vamos nos manter estagnados em seu confuso início ou vamos manter a esperança que nos fortalecerá para a caminhada?

O filme *1917*, de Sam Mendes, também poderia ser chamado de *Uma jornada de Esperança*. Ele conta a história que teve como base a Primeira Guerra Mundial (1914-1918). A película não se atém à guerra, mas evidencia as experiências emocionais de uma dupla de oficiais do exército britânico. A história retrata uma missão que foi conferida a dois cabos do exército, Blake (Dean-Charles Chapman) e Schofield (George Mackay), cujo objetivo seria o de evitar que um ataque fosse feito aos adversários, os alemães. A arriscada missão era atravessar as linhas inimigas levando uma mensagem para não realizarem o ataque, pois se tratava de uma emboscada e os mil e seiscentos homens poderiam morrer.

Entre esses oficiais estava o irmão de um dos dois homens escalados para cumprir tão desafiadora tarefa. Portanto, interesses pessoais e das tropas se somavam para que essa missão fosse cumprida. Caso falhassem, as consequências seriam desastrosas nos dois âmbitos.

Nesse trajeto, muitas experiências acontecem envolvendo situações de grande risco para os dois, e quanto mais eles avançam, mais os percalços aumentam. A amizade vai se fortalecendo entre os dois. Todas essas aventuras são premidas pelo tempo que vai se esgotando, a fome e o cansaço vão tomando conta da dupla.

Os objetivos os estimulam a continuar. Em uma destas situações de grande perigo, um dos cabos morre, mas antes de seu final, pede ao amigo que entregue a mensagem e que encontre seu irmão. O sobrevivente passa por muitos desafios e algumas reflexões vão surgindo: como um homem consegue suportar tantas adversidades? Como um homem retira forças de si para continuar uma jornada em prol de uma missão? Como é possível suportar tantas dores e perseguições? Tudo por um objetivo? Qual o objetivo? Honrar sua amizade? Cumprir a missão? Salvar um contingente de mil e seiscentos homens? Sim! Todas essas motivações. Mas o que o faz continuar? A ESPERANÇA. É ela que o motiva, que lhe dá energia para continuar sem olhar para trás, só tentando caminhar no escuro. Nas palavras de Zeferino Rocha (2007) ao tratar sobre a esperança, citando Heráclito:

> Por mais obscuro que seja o seu modo de falar, o filósofo de Éfeso nos leva a pensar a esperança sob a forma de uma 'disposição interior', ou de uma 'força psíquica', que sustenta o desejo de caminhar.
>
> [...] mas é caminhar na escuridão da noite, mesmo quando não se está em condição de poder contar com a luz de uma estrela-guia. É caminhar no escuro, vale dizer, é caminhar sem a proteção das estradas, quando caminhamos em plena luz do dia, orientados pela bússola da razão. Neste contexto, poderíamos de novo descrever a esperança como 'a paixão do possível', pois, no conceito de possível: de um lado, descortina-se a vastidão dos horizontes imensos e indeterminados (no possível tudo é possível); e, de outro lado, destacam-se a falta de segurança e a incerteza que o conceito sempre sugere, pois, no possível, nada é impossível (ROCHA, 2007, p. 260).

O soldado era um homem, um homem que caminhava no escuro, animado apenas pela esperança de conseguir. Podia não ser claro que tinha esperança, mas o que o manteve em caminhada foi este ânimo psíquico que não o fez desistir. Portanto, a esperança é um dos recursos derivados do ímpeto pela vida que pode estar submersa em nosso inconsciente, mas que se expressa pela força, pela atitude de continuar lutando pela vida, quando nossa consciência já pode ter desistido, como nos fala Saint-Exupéry, em *Terra dos homens*:

> É inútil avançar mais: a tentativa não conduz a parte alguma. Precisamos voltar ao avião, o grande sinal vermelho e branco que talvez seja notado pelos nossos companheiros. Embora não tenha esperança nesse socorro que pode vir dos ares, ele me parece a única chance (EXUPÉRY, 1970, p. 106-107).

O que leva um ser humano a continuar em sua caminhada, indo até contra suas probabilidades reais? O que o mantém em batalha, quando nem mesmo ele, calcado em evidências da realidade externa, acredita? Algo o faz prosseguir! Mesmo enfrentando profundas adversidades, sobrevive e atinge seus objetivos.

Nem sempre temos consciência da nossa força quando falamos de esperança. São inúmeros os exemplos de situações em que o indivíduo surpreende a si mesmo e aos outros com sua resiliência. No esporte, nos hospitais, nas intempéries, nas guerras, assistimos feitos que, se imaginássemos, julgaríamos impossíveis. A esperança do ser humano sempre é capaz de nos surpreender!

Uma reflexão que se apresenta como verdadeira é a de que temos recursos interiores que são inconscientes, cuja fonte deriva de uma realidade psíquica – um recurso, que em sua maior parte nos é desconhecido. Dentro desta concepção nossos recursos conscientes parecem ser bem mais limitados do que nossas potencialidades.

Desse "lugar psíquico", o qual resguarda muito mais do que supomos, surgem subsídios que derivam de nossa misteriosa força vital. Um deles é a esperança.

Sabemos que vamos passar pelo inverno onde aparentemente tudo está terminado, é tempo de perda que pode gerar (des)esperança, tendo-se a impressão de que tudo está acabado, entretanto, as sementes estão em gestação e é a esperança que nos dá a paciência para aguardar a vida nova que a primavera trará.

A história é marcada por aquisições e perdas contínuas. É muito importante que saibamos como orientar a energia da perda para podermos aprender e transformar sofrimento em conhecimento e o inverno em primavera.

No inverno enfrentamos temperaturas geladas, as árvores parecem totalmente desvitalizadas, com galhos secos exibindo uma escultura esquelética numa paisagem árida, sem flores, sem frutos, o cenário é desolador. É muito parecido com o inverno de nossa alma quando estamos tristes, sem luz e abatidos pela dor das perdas durante a vida.

A impressão é de que do inverno só restou um cenário arruinado. Entretanto, desta desolação brota a primavera na qual há explosões de cores, formas e aromas. A natureza se veste de alegria. Este arrebatamento foi profunda e sensivelmente captado e transformado na esplendorosa obra de Vivaldi, *As quatro estações* – da qual se destaca A Primavera, com seu vigor e sua temperatura. As árvores que amanheciam secas estão grávidas de vida, exibindo seus botões em galhos recobertos de folhas que delineiam o verde inédito daquela estação. A natureza que estava adormecida, desperta com todas as suas cores e energia, pois soube esperar as intempéries passarem. Não foi qualquer espera, mas aquela com vida e sabedoria à qual damos o nome de ESPERANÇA.

O tempo da primavera é o tempo do fertilizado, no qual acontece um novo suspiro para a vida. Chegam as chuvas para matar a sede, molhar as plantas e dar novos frutos. É necessário termos um novo olhar para podermos ver o antigo, de outra forma. Assim fica a nossa alma quando podemos nos revestir de sonhos e esperança. A esperança é irmos em busca até encontrarmos, nas coisas simples, um momento de felicidade.

A vida humana não se define por idade cronológica. Vamos permanecer humanos enquanto existir em cada um de nós a esperança do encontro com o belo e com a sublime felicidade. E então poderemos experimentar o Apogeu – O Verão –. A plenitude de nossos dias. Estação que foi construída ao longo de um ciclo em que se cultivou a esperança, e se soube aguardar para encontrar o exuberante verão em suas cores quentes e férteis. Que apura e amadurece a natureza conferindo-lhe a inteireza do ser. E então retoma-se o ciclo do fim e um novo começo.

> Otimismo é quando, sendo primavera do lado de fora, nasce a primavera do lado de dentro.
>
> Esperança é quando, sendo inverno do lado de fora, a despeito dele, brilha o sol de verão no lado de dentro (ALVES, 2009, p. 250).

Entre o fim e o novo começo se identifica o movimento da natureza; tanto dentro quanto fora de nós somos pautados por ciclos e suas intempéries, situações como pandemias, guerras, ataques terroristas, catástrofes naturais, acidentes que devastam populações, interrompendo abruptamente sonhos, projetos e realidades. Nestes momentos se faz necessário cultivarmos a sensatez, a tolerância à frustração, preservando a capacidade de pensar, encontrando novas alternativas, sendo que para tanto a esperança é um fundamento.

No mundo externo parece ser mais fácil reconhecer as mudanças das estações e desequilíbrios em nosso planeta, mas internamente nos é, muitas vezes, difícil identificar as mudanças de "nossas estações", o que nos confere períodos em que podemos estar confusos, outras vezes enfrentamos momentos de angústia nos quais nos vemos incompreendidos e ameaçados, em outros com medos da perda e da solidão. Temos que enfrentar ciclos emocionais oscilantes frente aos quais algo nos sustenta para que continuemos em frente. Este algo é o impulso para a vida, vestido de Esperança.

> O belo é aquilo que podemos ser. E a esperança é nada mais que a fidelidade a esta possibilidade que dorme silenciosa em todos (ALVES, 2009, p. 244).

Referências

ALVES, Rubem; LAGO, Samuel Ramos (Orgs.) *O melhor de Rubem Alves*. 2. ed. Curitiba: Nossa Cultura, 2009.

CALVINO, Ítalo. *As Cidades Invisíveis*. 1. ed. São Paulo: Companhia das Letras 1990.

COUTO, Mia. *Raiz de Orvalho e outros poemas*. Alfragide: Caminho, 1999.

ROCHA, Z. "Esperança não é esperar, é caminhar: Reflexões filosóficas sobre a esperança e suas ressonâncias na teoria e clínica psicanalíticas". *Rev. Latinoam. Psicopat. Fund.*, X (2): 255-273, 2007.

SAINT-EXUPÉRY, A. *Terra dos homens*. 16. ed. Rio de Janeiro: Livraria José Olympio, 1972.

2. Esperança e maturidade psicológica em desenvolvimento humano: Infância, adolescência, idade adulta e envelhecimento

Maria Aparecida Mazzante Colacicco;
Ivonise Fernandes da Motta

O conhecimento de si é o início de toda a sabedoria e de toda a atividade humana, seja ela teórica ou prática.

(Sócrates)

Introdução

Serão comentados alguns aspectos no desenvolvimento das diversas fase da vida, passando pela evolução e maturidade, chegando na real esperança de um futuro promissor.

A palavra esperança vem do latim *sperare*. É um sentimento que leva o homem a olhar para o futuro com confiança, considerando-se que está apto para enfrentar novos desafios e condições de luta pela vida, além de suportar os sofrimentos que possam aparecer, porém sempre em direção a algo de maior valor. A Esperança nos leva também ao ponto de vista de uma virtude que transcende o humano e deseja chegar a Deus, como o bem supremo.

Diante desse olhar para o futuro, devemos colocar em pauta o pensamento de Winnicott, que desde quando foi pediatra, percebia uma relação profunda entre o bebê e sua mãe, muitas vezes nem a própria mãe tinha noção da relação tão estreita entre ela e o filho.

É importante vermos o conceito primordial de Winnicott, especialmente se tratando do *holding*, que são todas as particularidades do cuidado materno que antecedem e advêm depois do nascimento da criança e convergem para a composição do ambiente. Isso inclui a preocupação materna primária da mãe (preocupação, neste caso, se refere ao cuidado materno) que lhe possibilita fornecer ao bebê o necessário suporte egóico.

Tanto o *holding* psicológico como o físico são essenciais ao bebê ao longo de seu desenvolvimento, e o serão por toda a sua vida. É necessário ressaltar que o ambiente de *holding* jamais perde sua importância. Dentro desse enfoque, a função do pai é primordial.

A evolução da criança é condicionada pela biologia, influenciada pelo ambiente, educação, nutrição, e estilo de vida durante o seu crescimento. O amor permeando a relação da mãe, pai ou quem faz a função da parentalidade exerce uma influência ímpar no avanço psicológico do bebê, é a função do *holding*, que o acompanha por toda a vida.

Desenvolvimento psicológico nos primórdios da vida

Winnicott relata que para uma provisão ambiental e adequada, é preferível que a mãe, ou quem cumpre o papel dela, seja responsável por pelo menos até os dois anos de idade pelos cuidados iniciais do bebê. Nessa idade a criança já está melhor preparada para iniciar a socialização e neste momento pode discriminar o real do não real.

Consegue suportar separações, perdas, e a diferenciação de novos ambientes que não os de costume. A função da mãe e também do pai, ou de quem cumpre o papel da parentalidade, é apresentar o mundo em pequenas doses para a criança, pois esta tem a segurança de que os pais andam junto dela, oferecendo o *holding*, isto é, os cuidados de proteção necessários para esta iniciação no mundo.

Notamos o que ocorre quando se interrompe uma brincadeira entre pais e criança (é importante sempre avisar antes, com a explicação, o porquê da interrupção) para que esta possa tentar elaborar um final, ou uma pausa temporária, para não sofrer tanto com a interferência. Neste momento estamos oferecendo o *holding* para a criança no sentido de previsibilidade, para que possa ir se acostumando com as diversas variáveis que a vida apresenta.

Um brinquedo que é oferecido a uma criança por uma pessoa que ela gosta, no momento adequado e de uma forma agradável, é muito significativo e prazeroso, há uma forma de cuidado nesse oferecimento e também um vínculo de confiança ao perceber o que a criança pode necessitar além do brinquedo, como, por exemplo, a atenção proporcionada pela pessoa. Diante desse aspecto, podemos nos apoiar no *Estatuto da Criança e do Adolescente* (ECA) como uma forma de proteção global à criança em fase tão frágil da sua vida.

No Art. 3º está disposto que "A criança e o adolescente gozam de todos os direitos fundamentais inerentes à pessoa humana, sem prejuízo da proteção integral de que trata esta Lei, assegurando-se lhes, por lei ou por outros meios, todas as oportunidades e facilidades, a fim de lhes facultar o desenvolvimento físico, mental, moral, espiritual e social, em condições de liberdade e de dignidade".

Tanto a lei protege integramente a criança desde o seu nascimento, como os pais e o entorno da criança, bem como os profissionais especializados, desde professores, psicólogos e áreas afins que possam se debruçar ao ser em crescimento, para reforçar a proteção com objetivos de prover as melhores condições ao desenvolvimento tanto para a criança, como também ao adolescente.

Collantes (2010) relata que a criança desenvolve sua identidade através das pessoas que a cercam. Quando se sente querida, a criança cresce com autoestima, segurança, confiança diante dos seus relacionamentos, caso o trato não for suficientemente bom e afetivo, podem causar conflitos nessa fase e nas fases de maturação posteriores.

O brincar compartilhado seguido pelo brincar sozinho são as principais diversões da criança porque imitam suas realidades e suas fantasias, projetam seu estado de ânimo, seus desejos, sentimentos, podendo também expressar sua criatividade. No final do quinto ano, a criança começa a distinguir o jogo que brincava do trabalho que começa a ver nos mais velhos. Neste contexto, a família com suas brincadeiras e a escola com o seu brincar compartilhado vão preparando o caminho para as inclusões sucessivas nos diversos grupos sociais.

Chegamos a uma questão fundamental quando estamos tratando de desenvolvimento psíquico, a constituição da noção de valores do que denominamos moral e ética. Neste aspecto, o tema da educação se faz presente porque pode facilitar os diversos passos para o ponto de um relacionamento com a realidade caracterizado por consideração. Nessa área encontramos o que costumeiramente chamamos de cidadania.

A preocupação consigo mesmo, com o outro, com a família, com a escola e as diversas instituições a que pertence, como esportivas, religiosas, crescem ao alcançarem a preocupação com a pátria, com o mundo e com o planeta.

Quando os pais percebem que a criança está mais madura e mais independente, podem desfrutar da esperança de um trabalho bem-sucedido. A alegria que aparece na criança é a manifestação real da esperança e da felicidade de estar bem com as diversas situações da vida, e mesmo que enfrente dificuldades, está mais embasada na esperança de superar.

Desenvolvimento psicológico nos adolescentes

No Capítulo II do ECA, fala-se sobre o direito à liberdade, ao respeito e à dignidade, tanto da criança como do adolescente, mas neste momento priorizaremos o segundo aspecto para desenvolvermos as diversas características que se apresentam nesta fase.

> Art. 15. A criança e o adolescente têm direito à liberdade, ao respeito e à dignidade como pessoas humanas em processo de desenvolvimento e como sujeitos de direitos civis, humanos e sociais garantidos na Constituição e nas leis.
>
> Art. 16. O direito à liberdade compreende os seguintes aspectos:
>
> I - ir, vir e estar nos logradouros públicos e espaços comunitários, ressalvadas as restrições legais;
>
> II - opinião e expressão;
>
> III - crença e culto religioso;
>
> IV - brincar, praticar esportes e divertir-se;
>
> V - participar da vida familiar e comunitária, sem discriminação;
>
> VI - participar da vida política, na forma da lei;
>
> VII - buscar refúgio, auxílio e orientação.
>
> Art. 17. O direito ao respeito consiste na inviolabilidade da integridade física, psíquica e moral da criança e do adolescente, abrangendo a preservação da imagem, da identidade, da autonomia, dos valores, ideias e crenças, dos espaços e objetos pessoais.

Para além dessas observações e orientações de defesa dessa etapa do desenvolvimento, relatadas no ECA, é necessário que se faça um acompanhamento junto aos pais ou responsáveis.

Neste momento, voltamos à questão assinalada tanto no grupo familiar como nos grupos escolares e outros grupos culturais, ou esportivos, assim como outros que tanto a criança como o adolescente fazem parte e que facilitam e direcionam para o encontro com normas, valores compartilhados que englobam o cuidado a si próprios e aos grupos de pertencimento. Chegamos mais uma vez à importância da constituição e fortalecimento da moral, da ética e da cidadania.

Nesse enfoque da atualidade, cabe ressaltar a importância de limites com clareza, podendo discriminar as fronteiras importantes para o estabelecimento de uma identidade própria que irá direcionar para as diversas escolhas necessárias ao amadurecimento, incluindo as escolhas profissionais que terão que atuar no futuro.

Os pais pertinentes continuam com o *holding* para tirar dúvidas, conversar e ajudar na atuação de maneira adequada e assertiva. Em alguns momentos, os adolescentes querem tanto a Liberdade que acabam caindo na Libertinagem. Os que exercem a parentalidade podem ampará-los com amor e atenção nas situações complicadas e difíceis, que em alguns momentos serão mais complicadas de serem superadas. Lembrando que se a base foi boa, conseguirão vencer.

Colacique (2008) realizou um estudo em que concluiu a importância da família como célula matriz da integração, especialmente no que se refere ao provimento e proteção com vínculos afetivos fundamentais às crianças. Porém, pode haver dificuldades no ambiente familiar, como violência doméstica ou situações nas quais dor, desespero e insegurança comprometam o caminho em direção ao futuro. Desamparo e fragilidade surgem como vários sintomas de atividades antissociais.

Cada fase do desenvolvimento da criança e do adolescente é necessária para que eles possam atingir a maturidade e a fase adulta sem percalços que atrasariam ou até mesmo poderiam paralisar a constituição dos diferentes aspectos que denominamos adultescência.

Vários autores, inclusive Collantes, afirmam a importância da participação em grupos, principalmente na adolescência, em seu início vital na inserção e participação destes, como uma expansão do seu mundo pessoal, podendo experimentar uma nova fase da sua evolução.

O grupo cumpre variadas funções, desde desenvolvimento de habilidades sociais, como na ajuda de enfrentamento das crises, além de sentimentos comuns e definição de autoestima. Inclui-se a entrada no mundo adulto do trabalho, relacionamentos afetivos com inserção no mundo cultural e socialização.

No final da adolescência, sentimentos genuínos de amizade são mais sinceros, com um real interesse pelo outro e suas conquistas ou dificuldades, incluindo ajuda e sacrifício pelos amigos(as). Se essa etapa transcorreu sem maiores transtornos, eles passam a dedicar empenho aos seus projetos de futuro, tentando equacionar suas habilidades e interesses para a profissão que pretendem realizar, buscam orientação vocacional, *coaching*, e conversas com pessoas da área que pretendem cursar faculdade, ou mesmo um curso técnico.

Os jovens passam a ter um período de maior independência com metas realizáveis e partem para a busca desses ideais. Do início até a escolha profissional, vestibular e conclusão da faculdade, aparece a realização de projetos futuros que fortalecem a confiança e a esperança de um viver com valor. Passam a ter um período de maior independência física e psíquica frente ao que buscam.

Neste percurso do início da adolescência até a escolha profissional, vestibular e conclusão da faculdade, pode-se dizer que com a alegria de estar indo rumo ao que se deseja pode aparecer medo, receio do desconhecido, mas também é o momento de desenvolver uma maturidade que fará com que os jovens participem de uma esperança muito própria e eficaz quando conseguirem chegar, com esforço, ao vestibular e à faculdade.

Se foram devidamente acompanhados pela família ou pelos responsáveis, a felicidade e a esperança são partilhadas com quem se fez presente ao longo do caminho.

Desenvolvimento psicológico nos adultos

Mesmo nesta fase, temos a maturidade em marcha, não paramos nunca a evolução. Essa é a chance da continuidade de um caminho construído desde os primórdios da vida, com base em proteção, segurança, ética e valores.

Nesse rumo, gradativamente se chega próximo ao que denominamos meia-idade. A mulher chega na menopausa, com algumas capacidades diminuídas, entre os quarenta e cinquenta anos, e, o homem, um pouco mais tarde, chega na andropausa, também com cansaços. Essas reações sinalizam também as mudanças psicológicas, que se a pessoa não estiver preparada, ou se preparando para tal, pode ser muito difícil ultrapassar e continuar com seus objetivos e planos.

Essa etapa da vida em que costumeiramente realizamos balanços, projetos que foram concluídos, interrompidos ou que ainda seguem em mudanças ou adaptações e possibilidades de realizações. Nessa análise, os erros e desacertos podem ser utilizados como uma aprendizagem para discriminar o que pode ainda ser realizado ou deixar para trás o que pode ser inviável.

Caso tenham construído uma vida de etapas bem aproveitadas, nas áreas profissional, familiar e social, lidam bem com essas dificuldades próprias da idade e até recordam com alegria e brincadeiras o que passaram.

Se as intercorrências foram muito intensas e com vários problemas em todas as áreas, sem superação ou com pouco avanço, as dificuldades se acentuam nessa etapa da vida. A esperança aparece quando há muita vida ainda em planejamento para ser realizada. As dores aparecem, e os desânimos também. Em alguns momentos, as incertezas se apresentam diante de algumas conquistas que não foram realizadas. Porém, a capacidade de investir e não parar levam a conseguirem picos até mais altos do que poderiam ter imaginado tempos atrás.

Nessa etapa de vida ainda há muito o que fazer, há a brincadeira de que a "vida começa aos quarenta" e, hoje em dia, com muitos avanços em diversas áreas, é uma época em que as pessoas mudam de emprego, de profissão, seguindo seus ideais com esforço e perseverança, conseguindo novas conquistas.

Desenvolvimento psicológico do idoso

Sabemos que, desde que o Estatuto do Idoso foi publicado, muitas pessoas da idade de sessenta anos ou mais se beneficiaram em vários locais de atendimento, como nos bancos, além de terem recebido outros auxílios, como a isenção de pagamento em meios de transporte. No Art. 3º, § 1 do Estatuto do Idoso relata-se que a garantia de prioridade compreende:

> I - atendimento preferencial imediato e individualizado junto aos órgãos públicos e privados prestadores de serviços à população;
>
> II - preferência na formulação e na execução de políticas sociais públicas específicas;
>
> III - destinação privilegiada de recursos públicos nas áreas relacionadas com a proteção ao idoso;
>
> IV - viabilização de formas alternativas de participação, ocupação e convívio do idoso com as demais gerações.

Neste momento estamos direcionando um olhar mais afetuoso e acolhedor para o idoso, que tanto trabalhou, empenhando-se para cuidar da família, dos filhos, e, nessa hora, muitas vezes encontra-se só na etapa mais difícil de sua vida.

Quanto ao disposto no Art. 2º: "O idoso goza de todos os direitos fundamentais inerentes à pessoa humana, sem prejuízo da proteção integral de que trata esta Lei, assegurando-se-lhe, por lei ou por outros meios, todas as oportunidades e facilidades, para preservação de sua saúde física e mental e seu aperfeiçoamento moral, intelectual, espiritual e social, em condições de liberdade e dignidade".

Sabemos que nem sempre é fácil cuidar de um idoso com tantas limitações físicas e psíquicas que costumam aparecer, além da falta de recursos financeiros que se torna um fator limitante para várias famílias.

No final do Estatuto, o Ministério da Saúde comenta que: "Uma sociedade fortalecida e consciente busca o respeito mútuo na sua relação com o Estado e com o próximo e a informação se apresenta como um importante instrumento do cidadão para defesa dos seus direitos e realização de suas aspirações e desejos". Dentro desse aspecto, as suas realizações são eficazes se, na medida do possível, for lhe dado algo que possa tornar-lhe útil e necessário para as pessoas ao seu redor.

Nessa idade, normalmente se tem mais calma e mais tranquilidade para ouvir o outro, caso desde jovem esta habilidade tenha sido treinada.

Após a idade de 75 anos, há uma degradação funcional de várias utilidades do corpo e das capacidades intelectuais. Começa com a perda da capacidade de descriminalização de sons, de modo que o convívio se torna prejudicado, levando-os ao desânimo. Quando deixam de ouvir, a participação nas conversas familiares e entre amigos se torna algo cansativo e extenuante. Perdem a energia e a intensidade que outrora tinham, ficando mais lentos e desinteressados das coisas e das pessoas.

Sentimentos de inutilidade pelas limitações surgidas no convívio com os outros, na locomoção, na agilidade dos deslocamentos para vários locais que frequentavam, agora levam a cuidados mais específicos nessa fase da vida. Surgem também sentimentos de fragilidade com maior frequência, podendo direcionar para cuidados maiores pelo ambiente, possibilitando um melhor equilíbrio e adaptação no viver dessa etapa da vida. Caso a pessoa esteja em sã consciência, pode aparecer o sofrimento da decadência. Os medos aparecem com maior frequência e são difíceis de desaparecer da memória e, com isso, sentem a tristeza que pode levar à depressão. Passam a repetir inúmeras vezes fatos passados para os familiares e/ou pessoas que frequentam a casa.

Neste caminho aparece a necessidade de maior recolhimento. Cobranças surgem para si próprios e para os familiares do ambiente em que vivem.

Mesmo com limitações, como a da memória, a inclusão do idoso em atividades de grupos sociais, religiosos, encontros com outros idosos para participarem de atividades artísticas, musicais, tem valor preponderante na manutenção da vida com dignidade e sentido de existência.

Nessa idade, a proximidade da morte pode trazer doenças, tratamentos e internações. Os cuidados específicos e necessários resgatam a confiança em receber o que se faz primordial para o viver mais estável e seguro até o seu final. Pode-se dar a Esperança ao idoso tendo mais paciência, abnegação, ouvindo o que ele tem para dizer e não deixando que ele pense que está sendo um peso.

Não é fácil cuidar de idosos, porém quem os acompanhou durante toda a vida percebe suas necessidades e sabe lidar com eles, porque só o verdadeiro Amor supera qualquer dificuldade. Nessa trajetória, desde o início de nossas vidas até o final, o vínculo de confiança e esperança transforma o tom de sacrifício em realização. Nessa perspectiva, ser pai e mãe, filiação que todos nós necessitamos desde que nascemos até o final da vida, vai se construindo gradativamente com tons e acolhimento, leveza de projetos que vão se sucedendo ao longo do tempo.

A possibilidade de transcendência surge para ir além da morte e nos lembra o que na espiritualidade denominamos Ressurreição. Utilizar a aprendizagem da sabedoria de nossos antepassados direciona para o viver em um mundo que muda cada vez mais com grande velocidade e de maneira brusca. Superação e resiliência podem ter a possibilidade de caracterizar a fase final do viver, que com esperança e acreditando que transcendemos nossos genitores, seremos levados à conclusão de que valeu a caminhada.

Nesse olhar para a vida humana, a reverência, a criação com suas leis e diretrizes nos conecta com humildade e consideração pelas leis da natureza. Proteção e segurança se mostram essenciais do início até o fim da nossa existência. A esperança, mesmo em meio ao caos, é o traço mais fascinante da humanidade. É importante viver a esperança de um modo digno. Uma frase do Papa Francisco pode resumir nossa ideia: "Proteger a criação, proteger todos os homens e todas as mulheres, olhá-los com ternura e amor é descortinar um horizonte de esperança, é deixar um feixe de luz irromper por entre as nuvens sombrias, é proporcionar o calor da Esperança".

Referências

ABRAM, J. *A Linguagem de Winnicott: Dicionário das Palavras e Expressões Utilizadas por Donald W. Winnicott.* Rio de Janeiro: Revinter, 2000.

ASSAF, A. K. *A Sabedoria de Papa Francisco: Ensinamentos Essenciais.* São Paulo: Planeta, 2015.

BRASIL. Lei nº 8.069, que dispõe sobre o Estatuto da Criança e do Adolescente e dá outras providências, de 13 de julho de 1990, art. 15, 16 e 17. Disponível em: http://www.planalto.gov.br/ccivil_03/leis/l8069.htm. Acesso em: 21 dez. 2020.

BRASIL. Lei nº 10.741, que dispõe sobre o Estatuto do Idoso e dá outras providências, de 01 de outubro de 2003, art. 2º e 3º, § 1º. Disponível em: http://www.planalto.gov.br/ccivil_03/leis/2003/l10.741.htm. Acesso em: 21 dez. 2020.

COLACIQUE, M. A. M.; TARDIVO, L. S. P. C. "Quando a confiança familiar pode tornar-se um caso de polícia". *In*: TARDIVO, L. S. P. C.; GIL, C. A. (orgs.). *Apoiar: Novas propostas em Psicologia Clínica.* São Paulo: Sarvier, 2008.

COLLANTES, M. de L. "Psicologia Evolutiva: El desarrollo psicológico a lo largo de la vida". *In*: CABANYES, Javier; MONGE, Miguel Ángel (eds.). *La salud mental y sus cuidados.* 2. ed. Pamplona: Ediciones Universidad de Navarra, 2010.

MOTTA, I. F. da. *A capacidade para a esperança.* São Paulo: Departamento de Psicologia Clínica, Universidade de São Paulo, 2018b. (Tese de Livre Docência).

3. Sinais de esperança

Maria Cecilia Schiller Sampaio Fonseca

Os sinais de esperança, que em princípio podem parecer de entendimento simples, muitas vezes estão ocultos em manifestações difíceis de serem reconhecidas. A identificação desses sinais reveste-se de particular importância, pois nos permite, a partir daí, adotar ações mais efetivas de prevenção de situações de maior gravidade. Isso se aplica tanto à vida cotidiana, envolvendo o ambiente em que está a criança, quanto à prática clínica.

Donald Winnicott, pediatra e psicanalista britânico, com contribuições para esse tema de maneira rica e original, apontou caminhos para o reconhecimento desses sinais, enfatizando sua importância.

A esperança é um eixo vital para a sobrevivência do ser humano e para seu viver criativo. Ela nos faz crescer, produzir e obter realizações. É inerente ao homem, que ao nascer já a traz associada ao movimento de continuidade de ser e tornar-se pessoa, com sua própria individualidade. Constituem potencialidades que, para sua realização e posterior manutenção, dependem do encontro de respostas e acolhimento no ambiente que o cerca.

O caminho do amadurecimento

O bebê, ao nascer, vive em um estado de dependência absoluta, e suas necessidades exigem a imediata satisfação, vinda da mãe e/ou substituta.

Esse é o seu primeiro ambiente, sem ter conhecimento disso. Bebê e mãe constituem uma unidade inicial indissolúvel. Assim precisa ser mantido até o processo de amadurecimento ir criando a gradual possibilidade de separação desta, e a criação do si-mesmo que vai se constituir rumo à independência.

Nos momentos iniciais, o gesto espontâneo do bebê tem uma característica ilusória de que é ele quem cria a satisfação de suas necessidades. Ele é o seio que acolhe, alimenta, embala, produz calor... Criatividade primária é um conceito ligado diretamente a todo esse processo, que se inicia com a ilusão de criar o mundo que necessita. Aos poucos, vai sendo capaz de suportar a desilusão, tomando contato e percebendo o mundo real que o cerca. A mãe tem a importante função de apresentar o mundo "em pequenas doses", reconhecendo e respeitando as capacidades e possibilidades de seu bebê. Se for suficientemente bem sucedida, o bebê poderá conservar dentro de si essa criatividade, que é o que estabelece o sentimento de que "a vida vale a pena ser vivida". É a experiência de poder viver com realizações, que podem ir do mais simples ao mais complexo – cuidar das tarefas cotidianas até as grandes realizações. Se isso é perdido, o viver é sentido como fútil, vazio, falso. Surgem vivências de submissão, adaptações automáticas, desistências do si-mesmo (*self*).

Podemos observar que isso acontece em momentos de depressão. Aparece desânimo, descuidos para consigo mesmo e com os que o cercam. O mundo se torna sem interesse, esvaziado. Há gradações importantes nessa experiência. Pode aparecer no luto, que é um tempo de adeus e reconstrução, onde poderíamos dizer que a esperança fica encapsulada. Se chegar a graus extremos, onde há um ataque direto à esperança, há o rompimento grave da continuidade do ser. Nada se constrói, não há futuro possível. A morte aparece como a solução para sair dessa falta de esperança. Haveria muito a desenvolver, mas foge ao escopo desse trabalho. Uso apenas como contraste ao viver criativo, sem aprofundar o tema. Até porque, algumas tentativas de suicídio podem ser um sinal de alerta da esperança, que reconhecido pode reverter a situação.

O ser humano quer viver, luta por isso. A manutenção desse movimento está diretamente ligada ao ambiente que o cerca, por toda a vida. É um caminho longo, árduo, com muitas vicissitudes.

Durante o período da dependência absoluta, os riscos são maiores. É necessário preservar a confiança no ambiente, para ser conservada a esperança, e assim o bebê ir dando conta das falhas no atendimento de suas necessidades, que necessariamente vão ocorrer. Essas não são apenas inerentes ao processo de amadurecimento, mas fazem parte do processo de habitar o mundo. Para tal, é necessária a sensibilidade materna e dos que cercam o bebê para essa introdução ao "mundo em pequenas doses" ser bem-sucedido. Deve sempre ser buscado corresponder às possibilidades do bebê – e depois da criança e do adolescente – ajudando-o na árdua tarefa de amadurecer. Quando o ambiente falha além da capacidade do bebê de lidar com elas, podem se instalar adoecimentos graves, muitas vezes irreversíveis.

O ambiente deve se adequar às etapas do amadurecimento, com suas tarefas específicas. Se isso é facilitado, tudo vai da melhor maneira possível. Senão, surgem situações que necessitam de mais auxílio externo para serem ultrapassadas. É nesse momento que surgem os sinais de alerta que precisam ser reconhecidos. Como às vezes aparecem com características negativas, podem suscitar respostas contrárias, não correspondentes às necessidades que ali estão expressas. Os sinais indicam que algo não está indo bem, que é preciso ajuda externa, ressaltando que o pedido de ajuda é sempre uma manifestação da esperança. É a conservação de confiabilidade no ambiente, uma busca de fazer acontecer o que necessita e não encontrou.

Sinais de alerta – presença da esperança

Se fizermos uma breve retrospectiva dessas etapas, poderemos sinalizar alguns importantes alertas: os pedidos de ajuda.

O bebê, ao nascer, tem como único meio de comunicação o chorar. Através do choro expressa suas necessidades e sofrimentos. A importante função dos que o cercam nesse momento é ir aprendendo a identificar o que se passa: fome, dor, desconforto, etc. Mas tem que ser atendido, pois ainda não tem nenhuma condição de dar conta disso sozinho. Suas necessidades são urgentes. O tempo para ele não se instalou. A capacidade de espera é uma aquisição gradual e diretamente ligada a esse acolhimento inicial, que o leva a desenvolver a capacidade de confiar no ambiente. Um bebê que chora está sofrendo. A chamada e temida "manha" é também uma expressão deste sofrimento e só pode ser vista como tal quando já reconhece o ambiente como separado dele. Ainda assim conserva sua característica de pedido de ajuda.

Chorar é saúde. A criança que é excessivamente contida está comunicando também um sofrimento. Não pode chorar porque não confia, não tem esperança de ser atendida, tornando-se dócil, submissa, desistente.

À medida que vai amadurecendo, a criança vai aumentando suas capacidades de lidar com situações de crescentes dificuldades. Para ir habitando o mundo, com diferentes tarefas e imposições vindas desse, tem que ser posta em ação a agressividade positiva. Tem que romper barreiras, se afirmar. As crianças, e principalmente os adolescentes, podem se tornar rebeldes, contestadores exigentes. Estão confiantes, marcando seu terreno e testando suas possibilidades. Muitas vezes esses gestos agressivos são interpretados como negativos, recebendo respostas que podem vir a inibi-los, trazendo uma queda na confiabilidade em si mesmo e no ambiente. Pode levar a retraimentos e dificuldades em se relacionar, com fortes inibições e timidez. O isolamento extremado é uma forma de desistência. É necessário tanto aprender a estar só, como poder estar em contato com o outro. Winnicot nos lembra de que é bom se esconder, em algumas circunstâncias da vida, mas é desastroso não ser encontrado. A brincadeira de esconde-esconde é um exercício disso.

Em outro extremo existe o risco de se tornarem temerários, se machucando excessivamente. Nesse caso, precisam ser entendidos, respeitados e ajudados quando sua sinalização é de que necessitam conhecer seus próprios limites. Torna-se importante uma atitude de energia com toques de suavidade para poderem ir adiante.

Outro sinal de alerta muito discutido atualmente, o *bullying* é um indicador de situações críticas, envolvendo os dois participantes. Em relação ao ativo, aponta para o não controle de sua agressividade destrutiva com traços de crueldade. Denota uma insegurança e um apelo para que vejam o quanto se sente pobre, indefeso, com baixa autoestima, mesmo sem ter total consciência disso. Elege alguém que identifica sofrer como ele, mas que não consegue reagir. O passivo, que é a vítima, apresenta os sinais inversos. Excessivamente indefeso, submisso, não consegue usar sua necessária agressividade defensiva. Ambos estão pedindo ajuda urgente.

A adolescência acentua todos os traços dessas dificuldades. É um período turbulento, de grandes mudanças. Tem como tarefas importantes a despedida da dependência e da proteção do ambiente familiar, assim como encontrar lugar no almejado, porém temido mundo adulto. A agressividade positiva é mais do que nunca exigida. Pode aparecer de diversas formas, sendo o contestar e se opor umas das principais. Isso se volta para o ambiente familiar, escola, grupo social, etc. Importante ter essa possibilidade de exercitá-la em um ambiente digno de confiança. Tem que ter a segurança de que pode encontrar opositores confiáveis no que se refere ao acolhimento sem a perda do amor.

Atos antissociais

Nessa fase, com frequência surgem ou se acentuam atitudes antissociais, de difícil manejo. Essa foi uma grande contribuição de Winnicott, que mudou o entendimento do que significavam esses atos.

Toda sua experiência com crianças e adolescentes durante os bombardeios em Londres, na II Guerra, o levaram a esse entendimento. Atuou como consultor no Plano de Evacuação, buscando dar a eles o melhor encaminhamento possível. Eram crianças que perderam seus lares, seus familiares, tendo que fazer uma adaptação forçada a um novo ambiente. Identificou com frequência o aparecimento de atos antissociais.

Esses se expressavam de diversas formas: mentiras, roubos, crueldade, atos de destruição do ambiente, exacerbação da sexualidade e outros. Muitas vezes não eram assumidos, indicando um funcionamento inconsciente peculiar. Através da repetição desses atos foi sendo levado a identificar um pedido de socorro de que o ambiente lhes devolvesse o que havia sido arrancado. Os sentimentos eram de profundo desamparo e de falta de cuidados. Provocavam o retorno do que haviam perdido através desses atos extremados. Observou que isso se dava porque ainda mantinham dentro de si, em algum lugar, a memória do que tiveram e perderam. Era ainda um sinal de esperança, que se identificado e atendido, poderia impedir seu progresso para uma situação que leva a caminhos sem retorno. Poderia deter o caminhar para uma vida delinquencial, cuja única contenção seria a prisão. Ou, muitas vezes, o suicídio, visto como última saída.

Contribuições à prática clínica

Seu trabalho com os evacuados na guerra, somado à sua experiência como pediatra, psiquiatra infantil e psicanalista, o levou a buscar novos caminhos de atendimento. Essas novas propostas não se aplicavam apenas ao ter que lidar com essa situação, mas foi sendo integrado à sua clínica.

Já havia observado um fenômeno recorrente no atendimento de seus pacientes. Muitas crianças relatavam que na noite anterior à consulta haviam sonhado com ele. Pela repetição começou a buscar o significado disso. Concluiu que aí havia a presença da esperança, da confiança de que enfim encontrariam alguém que poderia ajudar a resolver a situação de sofrimento – física ou psíquica – em que se encontravam.

Essa percepção o levou a chamar esse primeiro contato de "momento sagrado". Referia-se tanto ao paciente quanto ao médico ou psicoterapeuta. Tinha que ser aproveitado o mais eficazmente possível, para evitar a repetição das situações que geraram o sofrimento, com risco de trazer de volta a desesperança ou reforçá-la.

Para poder atender ao maior número de crianças e adolescentes em situações de precariedade social e econômica, desenvolveu as chamadas "consultas terapêuticas". Estas se mostraram de grande eficácia, pois sendo reconhecidas as condições que levaram às paradas do amadurecimento, surgia a possibilidade de dar continuidade ao processo interrompido.

As características dessas consultas eram que fossem livres e poucas, usando para isso o *jogo do rabisco*, em que desenhava livremente junto com a criança. Propunha o máximo de três consultas, pois começou a observar que a partir daí se instalavam defesas como um reflexo natural ao serem tocados pontos dolorosos, quando seria necessário maior aprofundamento psicoterápico. Esse recurso foi amplamente adotado por terapeutas infantis pela sua eficácia tanto diagnóstica quanto resolutiva.

Algumas considerações finais

Sinais de esperança em momentos de dificuldades no decorrer da vida necessitam de serem reconhecidos pelo ambiente (lar, família, terapeutas, etc.), possibilitando que possam ser ultrapassados. Frequentemente, por apresentarem sinalização negativa, trazem tensão e ansiedade, dificultando seu reconhecimento e a possibilidade de proporcionar ajuda mais eficaz e prontamente.

Esses sinais podem se apresentar de formas agressivas, como as abordadas anteriormente, e/ou regressivas, que não apenas incomodam, mas trazem perplexidade por aparecerem em situações em que tudo parecia estar indo bem. Há o retorno a comportamentos de etapas anteriores, como voltar a usar chupeta, chupar dedo, engatinhar, fala infantilizada, entre outros. Uma situação comum desse tipo de regressão pode ocorrer quando nasce um irmão. O mesmo pode se passar em algumas situações de separação, como adoecimentos, divórcio ou férias, que causam afastamentos prolongados dos pais ou das pessoas com quem se tem intensa ligação. Em etapas posteriores, o aparecimento de sintomas como dor de cabeça, dor de barriga, enjoos ao terem que ir pra escola, sinaliza que não estão confiantes em enfrentar problemas que estão vivendo nesse ambiente. Algumas vezes, esses aparecem sob a forma de recusa a dormir, lutando contra o sono, com sinais de ansiedade que se prolongam por muito tempo. Podem se associar à insônia, por não suportar a separação dos pais ou de algum adulto, vivendo sentimentos de desamparo e medo.

Temos que identificar todos esses sinais como gritos de socorro, uma busca urgente de um ambiente acolhedor, porque não têm ou perderam os recursos próprios para dar conta de alguma experiência pela qual estão passando. Nesses momentos, a aceitação dessas situações e os chamados "mimos" são importantes para a recuperação dessa criança ou adolescente. Se a oportunidade de ajuda é perdida, pode acarretar uma repetição dos apelos, tornando-os um comportamento constante, rígido e sem esperança. Pela repetição podem vir a se tornar traumas, se apresentando como sintomas mais difíceis de se lidar. Para Winnicott, o trauma é ligado a uma quebra da confiança. Sua instalação se dá em um momento em que ainda não se sente capaz de lidar com determinada situação e não obteve a ajuda necessária. Há um movimento de fuga e de evitar as situações pela perda da confiança de que pode ser diferente. O medo, a ansiedade, o evitar estão ligados à crença de que tudo vai se repetir como aconteceu nas experiências temidas. Aparece uma paralisia associada ao estado de falência, vivido ao lidar com as situações originárias do trauma.

A capacidade de reconhecimento desses sinais de esperança é um trabalho importante para pais, educadores, médicos e psicoterapeutas, que ficam mais instrumentados para melhor exercerem seus papéis e, assim, contribuir preventivamente para criar indivíduos que serão capazes de contribuir para uma sociedade mais saudável.

Referências

WINNICOTT, D. W. "A delinquência como sinal de esperança". *Tudo começa em casa.* São Paulo: Martins Fontes, 1967-1996.

______. "Comunicação e falta de comunicação levando ao estudo de certos opostos". *O ambiente e os processos de maturação.* Porto Alegre: Artes Médicas, 1965-1990.

______. *Consultas terapêuticas em Psiquiatria Infantil.* Rio de Janeiro: Imago, 1971-1984.

______. "O mundo em pequenas doses". *A criança e seu mundo.* Rio de Janeiro: Zahar, 1957-1966.

______. "Recusa a dormir nas crianças". *In*: SHEPHERD, Ray; JOHNS, Jennifer; ROBINSON, Helen Taylor (orgs.). *Pensando sobre crianças.* Porto Alegre: Artes Médicas, 1968-1997.

4. A capacidade para a esperança de adolescentes em acolhimento institucional

Cláudia Yaísa Gonçalves da Silva;
Ivonise Fernandes da Motta

Iniciamos esta reflexão com uma pergunta: *Qual o melhor ambiente para um(a) criança/adolescente viver?* Alguns diriam que se trata do seio familiar de origem, outros apontariam para a existência de um lar confortável, e haveria aqueles que falariam que o melhor ambiente seria em um contexto com regras e limites impostos à criança ou ao adolescente. Respostas interessantes, com fundamento, mas que não podem ser tomadas separadamente como únicas verdades. Entendemos que nem sempre a família de origem é a instituição mais saudável para os sujeitos estarem, da mesma forma que apenas suprir as necessidades básicas para a sobrevivência e ensinar as noções éticas e morais da sociedade não são suficientes para a constituição de um sujeito emocionalmente saudável. Por que não? Porque nem todas as crianças e adolescentes vivem com as suas famílias de origem, algumas precisam ser afastadas temporariamente das suas casas e direcionadas a instituições de acolhimento, como medida de proteção no âmbito social e emocional. Para alguns, a instituição se torna um lar temporário até retornarem às suas famílias; para outros, a instituição é um lar de espera até acontecer a adoção por nova família; e, para uma parcela, a instituição será tomada como casa, onde laços afetivos serão desenvolvidos e uma história pessoal será construída com sentidos próprios.

Neste texto, vamos contemplar essa vertente de reflexão, lançando luz em especial aos adolescentes que se encontram em situação de acolhimento institucional, para pensarmos sobre como a noção de esperança pode ser cultivada neste cenário.

Acolhimento institucional

A título de explicação, foi a partir da promulgação do Estatuto da Criança e do Adolescente (ECA), pela Lei n. 8.069 de 13 de julho de 1990, que se elevou a importância da proteção integral a crianças e adolescentes. Além disso, ressaltou-se a necessidade da instalação de medidas protetivas para a garantia dos direitos estabelecidos pelo ECA, nos casos em que esses direitos estiverem ameaçados ou violados. Dentre as medidas protetivas podemos citar: o acolhimento institucional, a inclusão em programa de acolhimento familiar e a colocação em família substituta (BRASIL, 1990, Art. 101).

De acordo com o ECA, adolescente é toda pessoa entre 12 e 18 anos de idade; em casos excepcionais o Estatuto pode ser aplicado até os 21 anos de idade. O ECA estabelece que a criança e o adolescente possuem o direito de serem criados e educados no âmbito familiar, mas reconhece que em alguns casos esse cuidado pode ser efetuado em família substituta, mediante guarda, tutela ou adoção. Acima de tudo, o importante é que sejam mantidas a convivência familiar e comunitária em um ambiente que promova o desenvolvimento integral (BRASIL, 1990, Art. 2º, Art. 19, Art. 28). "É dever [...] assegurar, com absoluta prioridade, a efetivação dos direitos referentes à vida, à saúde, à alimentação, à educação, ao esporte, ao lazer, à profissionalização, à cultura, à dignidade, ao respeito, à liberdade e à convivência familiar e comunitária." (BRASIL, 1990, Art. 4º).

Entendemos que a garantia do desenvolvimento integral da criança e do adolescente perpassa a atenção ao sujeito como um todo, abrange as dimensões biológicas, sociais, culturais e emocionais; pois, quando reconhecemos que aquele que se apresenta à nossa frente é um sujeito singular, temos a possibilidade de buscar entendê-lo a partir da história pessoal na qual vive, e podemos favorecer para que se desperte o que de autêntico nele existe.

Observamos que no ECA está estabelecido que os esforços deverão ser destinados prioritariamente à reintegração familiar do sujeito que temporariamente foi afastado da família de origem. Quando isto não é viável, conforme decisão judicial e amparo da equipe interprofissional ou multidisciplinar, tem-se a opção da inclusão da criança ou adolescente em programas de acolhimento familiar ou institucional. Vale ressaltar que o acolhimento familiar terá preferência em relação ao acolhimento institucional. Independente do caso, deve-se atentar para o caráter temporário e excepcional da medida (BRASIL, 1990, Art. 19, § 1; Art. 34, § 1).

Frequentemente escutamos que a família de origem é a mais apta a cuidar de uma criança ou adolescente, mas precisamos pensar que, por diferentes motivos, nem sempre isso se confirma. A família, pensada nas suas várias modalidades, por vezes pode ser atravessada por fatores que dificultam que aquele ambiente seja considerado propício e favorecedor ao desenvolvimento e à proteção integral da criança e do adolescente.

A negligência parental está dentre os motivos que contribuem para o direcionamento da criança/adolescente a uma instituição de acolhimento. É preciso refletir que este fator geralmente está articulado com vários tipos de vulnerabilidades que levam muitas famílias a não se tornarem locais seguros para a integridade dos menores. Alguns dos motivos que justificam o acionamento da medida protetiva de acolhimento institucional podem ser: uso abusivo de álcool e/ou outras drogas pelos responsáveis, negligência da função parental relacionada à educação dos filhos e com relação ao atendimento às necessidades básicas.

Também se inclui a suspeita de violência física, sexual e psicológica (MASTROIANNI *et al.*, 2018).

Por outro lado, um ambiente adequado para o sujeito poderia ser pensado segundo as contribuições do psicanalista Winnicott (1983-2007), como um meio que oferece uma provisão para a saúde, ou seja, um *ambiente suficientemente bom* que facilita o desenvolvimento emocional. Este ambiente, formado pelas pessoas que cuidam do sujeito, seria aquele que reconhece as características herdadas, os aspectos biológicos de cada pessoa, mas acrescenta a isso um contexto ambiental que potencializa e movimenta o sujeito no sentido do seu crescimento, amadurecimento e integração. Um ambiente suficientemente bom não se trata de um ambiente perfeito, idealizado, mas aquele que se esforça em acertar, que se dedica a propiciar um espaço de segurança, confiabilidade, estabilidade e cuidado. Ambiente que busca atender às necessidades do sujeito, sejam elas de cunho físico, mas também emocional.

> O desenvolvimento emocional ocorre na criança se se provêm condições suficientemente boas, vindo o impulso para o desenvolvimento de dentro da própria criança. [...] com condições suficientemente boas a criança progride; quando as condições não são suficientemente boas essas forças ficam contidas dentro da criança e de uma forma ou de outra tendem a destruí-la (WINNICOTT, 1983-2007, p. 63).

Dessa forma, respondendo à pergunta que inaugura este capítulo: *Qual o melhor ambiente para um(a) criança/adolescente viver?* Nossa resposta caminha nesta direção, um ambiente que se disponha a amparar o sujeito em suas necessidades físicas e emocionais, respeitando o potencial individual de cada um e facilitando o amadurecimento pessoal e o desenvolvimento emocional. No caso dos adolescentes, esse ambiente seria uma família ou um lar acolhedor, que se mantém presente, alicerçado, que não sucumbe ou desmorona frente a um ato de rebeldia, tensão ou crise, e, mesmo ameaçado, procura se fortalecer. Trata-se de um ambiente para o qual se pode recorrer, voltar e se abrigar. Nesse sentido, compreendemos que o ambiente favorável para o sujeito crescer e se desenvolver pode ser a família de origem ou não, pode ser a família que adota, o sujeito que detém a guarda/tutela ou a instituição que acolhe.

Esperança e perspectiva de futuro

Sabe-se que os adolescentes estão entre a população em situação de acolhimento institucional com menores chances de colocação em família substitua, pelo fato de a maioria dos pretendentes a adoção preferirem crianças com até quatro anos (MASTROIANNI *et al.*, 2018). A partir desta realidade, parte dos adolescentes que por decisão judicial não são reintegrados às famílias de origem podem permanecer vivendo nas instituições de acolhimento até completarem a maioridade.

Nesse sentido, como poderíamos vislumbrar a esperança presente em meio a este cenário? Um dos caminhos possíveis é o entendimento de que a esperança aponta para a capacidade de acreditar. Acreditar que se pode alcançar algo bom, acreditar que experiências positivas podem ser retomadas, acreditar que se pode criar um espaço seu no mundo. Portanto, esperança como inserimos aqui está ligada à perspectiva positiva sobre o futuro. Como menciona Motta:

> A capacidade para a esperança construída desde o início tem por base a ilusão. A ilusão de que temos capacidade criativa, para o viver criativo que se constitui e vai sendo fortalecido à medida que outras capacidades vão sendo conquistadas ao longo do amadurecimento (MOTTA, 2018a, p. 309).

A capacidade para a esperança possui seu alicerce na possibilidade de o sujeito ter um ambiente no qual pode confiar, um ambiente que o encoraja a acreditar nas condições pessoais para o enfrentamento dos desafios e superação dos obstáculos (MOTTA, 2018b). Um espaço confiável onde se pode ser compreendido, acolhido no sofrimento e avivado nos seus potenciais, caminhos que permitem que o sujeito possa olhar mais à frente, vislumbrar um futuro favorável para si neste mundo.

Fonseca (2017), em sua pesquisa, identificou que ainda que os adolescentes acolhidos estivessem afastados do meio familiar, mantinham certa percepção positiva acerca das instituições onde se encontravam vivendo. Além disso, pensavam sobre o futuro, manifestavam o desejo de serem alguém na sociedade, de obter sucesso, constituir família e ter conquistas no âmbito profissional. Observou-se que estes adolescentes, mesmo em situação de acolhimento, preservavam o convívio familiar por meio das visitas e o convívio comunitário frequentando a escola e ambientes sociais, como praça e igreja, aspectos que podem contribuir para um vislumbre positivo sobre a vida. Notou-se que o otimismo em relação ao futuro estava entre os fatores protetivos para esta população.

Aspectos como estes também foram percebidos em estudo de Paludo, Mazzoleni e Silva (2018). Verificou-se que os vínculos comunitários eram mantidos, por parte dos adolescentes acolhidos, por meio da participação em atividades externas. Constatou-se a existência de esperança a partir da perspectiva positiva sobre o futuro, verificada na crença de se poder enfrentar as dificuldades da vida utilizando alternativas perante a realidade. Porém, os adolescentes comunicaram muitas vezes se sentirem sós nesse caminho de enfrentamento, possivelmente devido às poucas visitas e contato com os familiares.

Refletimos que o afastamento do meio familiar e a entrada em uma instituição de acolhimento, ainda que motivada em termos protetivos, insere uma ruptura ao sujeito, uma fratura no viver. Alguns sujeitos podem ter mais recursos internos para lidar com essa experiência, outros talvez nem tanto. Por isso, destacamos a importância de se oferecer um ambiente norteador confiável e seguro, seja ele temporário ou não, onde o adolescente se sinta acolhido, entendido e estimulado em suas potencialidades.

Mesmo que as instituições de acolhimento tenham as suas limitações, elas podem ser para uma parcela dos adolescentes afastados do meio familiar, a esperança que lhes faltava. Para muitos, a vivência na instituição tende a ser a apresentação a uma experiência totalmente nova, pela qual o sujeito ainda não tinha sido exposto. Portanto, deve-se considerar que a função da instituição, quando bem desempenhada, tende a oferecer condições que insiram confiança, estabilidade, solidez e consistência, atuando no sentido de uma experiência relacional compensatória e positiva (WENDT; DULLIUS; DELL'AGLIO, 2017). Em outros termos, um ambiente suficientemente bom.

Cabe ainda pensar acerca dos adolescentes que estão em transição para a saída das instituições e como podemos ajudá-los a elaborar esse momento, estimulando o vínculo positivo entre acolhidos e educadores/adultos de referência (rede de apoio), desenvolvimento de habilidades para a vida social que ajudem na emancipação (estudo/trabalho), suporte socioemocional e manutenção de relacionamentos estáveis (CASSARINO-PEREZ *et al.*, 2018).

Portanto, compreendemos ser necessário estimular a presença de fatores protetivos na adolescência em situação de acolhimento, que liguem-na ao pertencimento, aos vínculos afetivos e à presença de um ambiente que favoreça o desenvolvimento emocional, ou seja, aspectos que facilitem o sujeito a acreditar na construção de um futuro, acreditar que se pode vivenciar experiências criativas, edificantes e enriquecedoras, ou seja, ter esperança!

Referências

BRASIL. Lei nº 8.069, que dispõe sobre o Estatuto da Criança e do Adolescente e dá outras providências, de 13 de julho de 1990. Disponível em: http://www.planalto.gov.br/ccivil_03/leis/l8069.htm. Acesso em: 20 abr. 2020.

CASSARINO-PEREZ, L.; CÓRDOVA, V. E.; MONTSERRAT, C.; SARRIERA, J. C. "Transição entre o Acolhimento e a Vida Adulta: Uma Revisão Sistemática sobre Intervenções". *Trends Psychol.*, 26 (3): 1665-1681, set. 2018. (Ribeirão Preto). Disponível em: doi.org/10.9788/tp2018.3-19pt. Acesso em: 21 dez. 2020.

FONSECA, P. N. da. "O impacto do acolhimento institucional na vida de adolescentes". *Rev. psicopedag.*, 34 (105): 285-296, 2017. (São Paulo).

MASTROIANNI, F. de C. *et al.* "(Des)acolhimento institucional de crianças e adolescentes: Aspectos familiares associados". *Fractal: Revista de Psicologia*, 30 (2): 223-233, maio-ago. 2018. Disponível em: https://periodicos.uff.br/fractal/article/view/5496/7056. Acesso em: 21 dez. 2020.

MOTTA, I. F. da. "A capacidade para a esperança". *In*: MOTTA, I. F. da; ROSAL, A. S. R. de; SILVA, C. Y. G. da (orgs.). *Psicologia: Relações com o contemporâneo.* São Paulo: Ideias & Letras, 2018a, p. 303-312.

______. *A capacidade para a esperança.* São Paulo: Departamento de Psicologia Clínica, Universidade de São Paulo, 2018b. (Tese).

PALUDO, S. dos S.; MAZZOLENI, M.; SILVA, A. P. C. da. "Expressão de esperança em adolescentes em situação de acolhimento institucional". *Rev. SPAGESP*, 19 (1): 76-89, 2018. (Ribeirão Preto).

WENDT, B.; DULLIUS, L.; DELL'AGLIO, D. D. "Imagens sociais sobre jovens em acolhimento institucional". *Psicol. cienc. prof.*, 37 (2): 529-541, 2017. (Brasília).

WINNICOTT, D. W. *O ambiente e os processos de maturação: Estudos sobre a teoria do desenvolvimento emocional.* Porto Alegre: Artmed, 1983-2007.

5. A esperança como elemento essencial na velhice

Carolina Mourão F. Barros;
Ivonise Fernandes da Motta

Esperança e velhice podem ser elementos complementares em um discurso quando falamos sobre uma velhice ideal, uma terceira idade feliz, mas, muitas vezes, uma idealização. Podem também ser elementos contraditórios quando justapostas à morte. Alguns diriam que não há mais nada a se esperar, não há o que realizar e só o que existe é esperar por um fim. No entanto, Heidegger (2015) nos coloca uma questão complementar: "Tão logo o homem entra na vida já é velho o suficiente para morrer". A combinação de velhice com a morte é também uma questão social. Quando nos damos conta desta questão, a esperança surge como um caminho para dar significado à vida, para que possamos viver o tempo de nossas vidas com esperança.

Motta (2018, p. 310) recupera o significado da palavra esperança e faz uma importante conexão deste construto e a dimensão da existência entre o ser e o mundo:

> A palavra esperança tem origem do latim, deriva de *spe*, que tem o significado de 'confiança em algo positivo'. Deu origem ao verbo *sperare*, 'esperar', em latim 'ter esperança'. Esperar algo positivo em aliança com o gesto, que nos direciona para o encontro com o outro. E nesse encontro com o outro, há também a integração com o passado (cultura), a comunicação (eu-outro) e a criação (presente e futuro) (MOTTA, 2018, p. 310).

Nessa concepção, a esperança molda-se em uma perspectiva de estar presente nos três tempos (presente, passado e futuro) permeando a vida humana não somente como perspectiva de futuro, mas como uma proposta integradora. Integrar experiências passadas para então integrar o ego e criar o futuro.

Figueiredo (2008, p. 160) também discute sobre o que seria a esperança. Norteado por autores como Klein, Winnicott e Michell, o autor alarga a noção de esperança para além de algo que se espera do futuro com otimismo e reflete para uma dimensão onde há a "recusa da utopia":

> Trataremos de esperança como uma condição imprescindível ao bom funcionamento do aparelho mental e que opera em planos muito profundos e inconscientes do psiquismo... Embora o futuro esteja aí implicado, não se trata de uma vivência ou fantasia de tempo futuro, mas de uma abertura para ele, sobre a qual uma vivência temporal pode de fato se assentar sem, contudo, com ela se confundir (FIGUEIREDO, 2008, p. 160).

Não se trata de idealizar um futuro e viver sob olhos vendados, mas sim de utilizar a esperança como base para o movimento da vida.

Na introdução de *Holding e interpretação* (Winnicott, 1991, p. 3), escrita por Khan, há uma importante consideração:

> Mais tarde, ele (Winnicott) veria no fantasiar compulsivo uma negação da realidade psíquica: 'fantasiar continua sendo um fenômeno isolado que absorve energia, mas não contribui quer para o sonhar quer para o viver' (Winnicott, 1971). Winnicott vê na defesa maníaca uma tentativa de negar a realidade interna, uma fuga para a realidade externa e uma tentativa de manter-se em 'estado de hibernação'.

A esperança, ao contrário do devaneio, como um "sonhar acordado", permitiria uma abertura para um futuro real e seria uma força que impulsiona o movimento. Permitiria sonhar, criar e viver a sua própria maneira em seu verdadeiro *self*.

Winnicott (1983, p. 135) tece sobre o verdadeiro *self*:

> Durante os estágios iniciais, o verdadeiro *self* apresenta-se como uma posição teórica a partir da qual surge o gesto espontâneo e as ideias pessoais. O gesto espontâneo é o verdadeiro self em ação. Apenas o verdadeiro *self* pode ser criativo, e apenas ele pode sentir-se real. Considerando-se que o verdadeiro *self*, a existência de um falso *self* resulta de um sentimento de irrealidade ou de inutilidade.

Erik Erikson (1976) já apontava para a questão da esperança em sua teoria. No primeiro estágio da vida, "Desconfiança básica x confiança básica", a finalização desta fase é o encontro com a esperança ou desesperança. Soares (2017, p. 85) reforça: "A esperança e a confiança estão interligadas. Esperança envolve um sentimento persistente de confiança, um sentimento que será mantido por toda vida, apesar de muitos revezes que poderão ser experimentados". Confiar e enxergar a vida como uma unidade, não sendo somente o que já foi, mas o que virá a ser é então uma consequência da esperança.

Winnicott (1999, p. 5) aponta a importância desse viver como unidade: "É somente sobre uma continuidade no existir que o sentido de *self*, de se sentir real, de ser, pode finalmente vir a se estabelecer como uma característica da unidade do indivíduo".

Utilizarei como exemplo a série *Sessão de terapia*, na qual conhecemos a história de Haidée, idosa que após a morte do marido vende sua casa e volta a morar na casa de um dos filhos. Muitos conflitos surgem dessa convivência onde Haidée não se sente acolhida em sua nova residência. Relata ter vendido sua casa porque não queria dar trabalho mesmo após sua morte, mas em alguns momentos também deixa a entender que os filhos tiveram forte influência em sua decisão pela venda. Em um primeiro momento, Haidée revela ter pensando bastante em como colocar fim em sua vida. Mostrando uma cartela de remédios, anuncia a Caio, o terapeuta, que suas idas ali têm uma finalidade: que ele a auxilie na morte. Em outro momento das sessões, Haidée passa mal com uma crise de pânico na qual repete várias vezes para Caio que não a deixe morrer. Haidée demonstra em suas contradições que seu desejo não é pela morte.

Clare Winnicott, em *Explorações Psicanalíticas* (1994), nos presenteia com sua narrativa encantadora. Resgata das palavras escritas por Winnicott, em um caderno no qual esboçou sua autobiografia, uma frase importante para nossa compreensão de esperança e de percurso da vida como um fluxo contínuo de experiências que formam o ser humano. Da aba interna do caderno, Clare transcreve a seguinte frase escrita pelo marido: "D. W. W. – Oh, Deus! Que eu possa estar vivo quando morrer" (p. 3).

Winnicott fala sobre se possibilitar estar vivo até que não se tenha mais essa opção, no entanto, sem esperança não há abertura para viver experiências e vive-se em suspenso. Winnicott decide por "viver" até a morte de forma imaginária em uma parte do caderno onde descreve como seria sua própria morte. Clare interpreta: "Ele tinha avidez por experiências e teria odiado perder a experiência interna da realidade de sua própria morte; imaginativamente, alcançou-a" (p. 4). Mesmo naquilo que seria o chamado "fim", Winnicott entende que pode encontrar nesta situação uma forma de continuar criando, pois existia esperança.

Ademais, podemos apontar a continuidade da paciente em suas sessões. Pacientes adoecidos também têm, como denominado por Motta (2018), a "capacidade para esperança" demonstrada em seu prosseguimento na atividade terapêutica buscando uma melhora. Figueiredo (2008, p. 164) traz para a discussão uma importante consideração:

> Da mesma forma para Winnicott (1956), certos humores depressivos, à medida que possam ser interpretados como manifestações de expectativa de apoio e de elaborações restauradoras (o que nem sempre é o caso evidentemente), também dão testemunho de uma certa presença paradoxal e encrustada da esperança.

A esperança lá continua em uma tentativa de preservação.

Haidée dá continuidade às sessões contando sobre os amigos da escola que a convidaram para uma reunião da turma, convite ao qual ela negou instantaneamente. Relembra que nas outras oportunidades em que ela e o marido tiveram de participar dessas reuniões sempre acabavam por não ir, pois Afonso, o marido, era muito caseiro e não gostava dessas coisas. Também recorre a uma memória na qual sua mãe sempre lhe dizia para não ter intimidade demais com outras pessoas. Caio pontua posteriormente que agora Haidée precisará aprender a viver para suas próprias escolhas já que não tem mais o marido e os filhos já são adultos. Haidée reflete bastante em suas memórias, parece estar buscando todas as possibilidades, mas elas ainda estão voltadas para o passado e para o que poderia ter sido. Comenta também sobre ter ido ao médico e diz que relembrou sua juventude e sua quase escolha por cursar medicina.

Relembrar o passado é uma constante na velhice. Bosi (1994, p. 60) fala sobre o conteúdo destas falas do passado:

> Bem outra seria a situação do velho, do homem que já viveu sua vida. Ao lembrar o passado ele não está descansando, por um instante, das lides cotidianas, não está se entregando fugitivamente às delícias do sonho: ele está se ocupando consciente e atentamente do próprio passado, da substância mesma de sua vida.

Bosi fala sobre a juventude como sendo uma época em que o passado não tem grande peso para o indivíduo e quando este é relembrado é quase como uma lembrança onírica. Para os jovens adultos existe a ideia de uma longa perspectiva de futuro enquanto para alguns idosos chega o momento de pensar no que poderia ter sido e de se deparar com o tempo para realizar o que está por vir.

Outro ponto a ser observado é como Haidée ainda está adaptada a viver para outros. Vendeu a casa para entregar o dinheiro aos filhos e "não dar trabalho depois de sua morte", e mesmo após a morte do marido segue as decisões que ele tomava em vida. Ela coloca uma importante questão em jogo: o redescobrimento de si. Haidée pontua como já realizou diversas coisas em sua vida e sente que já não há mais o que fazer, se sente ultrapassada, sem utilidade, chegando a dizer que só o que importa é a juventude.

Erikson (1976) aponta em um de seus estágios de "Desesperança x integridade" o desafio que o indivíduo após os sessenta anos enfrenta. Questionamentos sobre a qualidade da vida que levou, suas realizações e perdas vem à tona. Novamente enfrenta-se o desafio de existir, onde o verdadeiro *self* é desafiado em diversos aspectos, como reconhecer um novo corpo como seu, enfrentar a solidão, a passagem do tempo e a finitude dele para o que se quer realizar, entre muitas outras questões, e a partir do reconhecimento destas questões e de suas ressonâncias a esperança pode continuar a vigorar.

Falar de esperança não é apenas esperar que idosos tenham uma perspectiva positiva da vida, mas sim que reconheçam as dificuldades e que sejam capazes de lidar com elas de forma saudável e então consigam desenvolver seu verdadeiro *self* e escrever a vida em primeira pessoa.

Se encontrar no verdadeiro *self* é uma caminhada pela vida toda. Falar de saúde e encontrar uma forma de existência através da autenticidade não é uma trajetória retilínea e glorificadora. Winnicott (1999, p. 10) fala sobre uma vida que vale a pena ser vivida e de como, para ele, desenvolve-se a saúde:

> A vida de um indivíduo não se caracteriza mais por medos, sentimentos conflitantes, dúvidas, frustrações do que por seus aspectos positivos. O essencial é que o homem ou a mulher se sintam vivendo sua própria vida, responsabilizam-se por suas ações ou inações, sentindo-se capazes de atribuírem a si o mérito de um sucesso ou a responsabilidade de um fracasso. Pode-se dizer, em suma, que o indivíduo saiu da dependência para entrar na independência ou autonomia.

O indivíduo consegue, então, de forma singular, sentir que é ele quem está no comando de sua própria vida. Haverá sempre a necessidade do encontro com o outro, mas para existir deve haver um processo de integração.

Desse modo, quando se fala de esperança também não há a intenção de tratá-la apenas como uma força que pode curar um ser, eximindo-o de conflitos existenciais. A esperança deve permanecer como forma do indivíduo existir à sua maneira. Assim, a esperança também é um importante elemento para a saúde psíquica, é um estado mental onde se tem consciência dos reais fatos e energia para então delinear formas de enfrentar mesmo as nuances mais dolorosas da passagem da vida.

Montagna (2018, p. 33) afirma que: "Winnicott mostra como é importante a crença na bondade do mundo, em outras palavras, recorrer a objetos bons". Essa também poderia ser uma das atribuições da esperança intrínsecas ao seu significado. Quando a esperança se estabelece no primeiro estágio de vida, existem também objetos bons internalizados aos quais o indivíduo pode evocar.

Em uma sessão posterior, Haidée conta que foi à reunião com os amigos da escola. Lá reencontrou alguns amigos que não reconheceu logo, inclusive uma amiga muito próxima, pois esta tinha feito muitos procedimentos no rosto. Um encontro pareceu ser mais marcante: o com um amigo chamado Ivan. Relatou ter sentimentos na época do colegial e antes de conhecer seu marido. Ivan pediu seu telefone ao final do encontro e na manhã seguinte lhe enviou uma mensagem convidando-a para irem ao cinema. Haidée encarou o convite inicialmente como algo que ela deveria recusar dizendo não ter mais idade para namoros.

Haidée demonstra ter padrões morais ainda muito arraigados, como o fato de ser vista com outro homem e de se relacionar com outro que não seja seu marido, apesar de também mostrar uma contradição nesse ponto quando tem repetidas falas relembrando o afeto que tinha por Ivan e que eles poderiam ter namorado.

Em uma sessão Haidée recorda de uma fase de sua infância na qual ela diz não lembrar muito, pois quase nunca pensa sobre. Por volta dos nove anos, passou um tempo em um abrigo após uma vizinha denunciar a mãe por deixar Haidée dias sozinha em casa. A paciente diz que isso acontecia porque a mãe saía para namorar. Após esse tempo no abrigo, Caio pergunta se a mãe de Haidée voltou a namorar e segue a seguinte conversa:

Haidée: Ser mãe, namorar, sair pra farra não dá.

Caio: Haidée, você escutou o que acabou de falar?

Haidée: Eu acabei igual a ela. Né?

Nesse momento, revela-se a concepção de que, para Haidée, namorar não era uma possibilidade enquanto ela ocupasse o papel de uma "boa mãe". Ao compreender o que a aprisionava, outras possibilidades emergem.

Haidée ainda se mostra receosa em continuar encontrando Ivan. Em alguns momentos, chega a afirmar para Caio que está sendo muito requisitada em casa com os preparativos para o neto que irá chegar e que talvez ela devesse se resignar a este papel. Mas, ao mesmo tempo, a personagem começa a perceber que talvez essas demandas da família não sejam seus únicos desejos.

Outra valiosa compreensão retirada deste momento da análise é a de que, enfaticamente na terceira idade, o indivíduo necessita da escuta empática ou "disponibilidade sensível do analista" como proposto por Kupermann (2019), referindo-se à teoria Ferencziana, pois se sente desamparado não só a nível individual com amigos e familiares como também a nível social, já que em nossa estrutura de sociedade ser velho tem um significado de exclusão, incapacidade e inutilidade, que muitas vezes também é absorvido pelo indivíduo e que deve ser discutido no espaço terapêutico. Na série, o terapeuta chega a comentar algumas vezes como Haidée tem uma tendência a se vestir e se comportar como se fosse muito mais velha do que realmente é.

Winnicott (1999, p. 9), ao falar sobre o indivíduo e a sociedade, pontua:

> Digamos que um homem ou uma mulher saudáveis sejam capazes de alcançar uma certa identificação com a sociedade sem perder muito de seus impulsos individuais ou pessoais. É claro que deve existir alguma perda, no sentido de controlar o impulso, mas uma identificação extremada com a sociedade acompanhada de perda do self e da importância do self não é normal de modo algum.

Existirá sempre uma identificação com o papel que o idoso desempenha na sociedade, pois são também questões da maturidade, no entanto, o indivíduo deve continuar fiel ao seu verdadeiro *self*.

Com mais interações sociais sendo formuladas fora do ambiente terapêutico é possível perceber a mudança até mesmo na aparência da personagem, seus cabelos arrumados de forma mais jovial, o rosto com feições diferentes, roupas menos pesadas e um discurso que mostram o caminho da esperança inicial disfarçada na abertura da personagem para novas possibilidades. A possibilidade de criar, de brincar, devolve ao indivíduo sua autonomia sobre o rumo e narrativa de sua vida e assim a possibilidade do viver. Winnicott (1999, p. 23) afirma: "a criatividade é o fazer que, gerado a partir do ser, indica que aquele que é está vivo".

Nas sessões seguintes, Haidée se mostra mais aberta a dar prosseguimento em seus encontros com Ivan, eles vão ao cinema, saem para jantar, passeiam pela praia. Ela relata que em um dos encontros, neste em que foram para praia, ele insistiu para que ela entrasse no mar, e a paciente descreve seu sentimento: "Parece que eu acordei, que meu corpo acordou. A sensação do mar... ela tá ainda dentro de mim. Não sei explicar. Quando eu cheguei aquela noite em casa eu deitei, eu tinha a sensação do mar, de mim, do Ivan...".

A esperança possibilita integrar o que passou, compreender que o que ocorreu ou não ficou no passado e que a única forma de continuar a existir é constituindo um futuro. E esta mesma é a questão: existir. Existir não somente como corpo físico, que com os avanços científicos torna-se mais fortalecido, mas também com a perspectiva de continuar a narrativa da vida. Ou como diz a personagem: sentir o mar dentro de si.

A recusa do molde estereotipado da velhice é uma questão fundamental. Após a aposentadoria muitos idosos mostram-se sem perspectiva e esperança enquanto outros se engajam, constituem voz em sua narrativa e recusam o lugar que a sociedade estipula para, assim, descobrir seu verdadeiro *self*. Maluhy e Genar Junior (2013, p.

42) constataram em sua pesquisa que "o processo de envelhecimento propiciou o reposicionamento de um verdadeiro self".

Incapacidade e inutilidade não devem ser encaradas como características desta fase da vida, pois mesmo que existam limitações também ocorre um desenvolvimento emocional que não é possível em outras etapas da vida e que apenas o acúmulo de experiências e trocas com o ambiente é possível existir. Garcia-Santos, Almeida e Werlang (2012, p. 255) falam sobre as diversas formas de excelência humana, dentre elas a sabedoria, que surge na terceira idade, e citam a definição de Baltes e Staudinger (2000):

> [...] se compreende a sabedoria como um conceito envolvendo maturidade, inteligência e criatividade; um nível excepcional de funcionamento humano que se relaciona à excelência; um estado de espírito e comportamento equilibrado por aspectos intelectuais, afetivos e motivacionais.

Na série, a clínica surge como o lugar de perceber estas questões e ser capaz de refletir sobre todas elas utilizando seu potencial da esperança. Kupermann (2019, p. 59) afirma que é no tempo do testemunho a possibilidade de trabalhar a clínica. É neste espaço que o analisando pode "encontrar um destinatário capaz de escutar sua dor e atestar seu desalento".

Haidée mostra-se mais ativa em suas decisões de vida com o passar das sessões. Na última sessão da temporada, grandes decisões vêm à tona. Haidée fala sobre um jantar em sua casa onde levou Ivan para conhecer seu filho e a nora. Ao comentarem sobre um possível casamento, ela diz: "Eu já sei o que é ser casada, agora eu quero namorar, eu quero ser cortejada, sentir saudade, sabe? Me arrumar pra sair às vezes, às vezes não. Que seja eterno enquanto dure, não é? Que seja bom pros dois". Haidée conta os fatos da vida com mais diversão, faz piada de algumas situações, sorri e encara suas dificuldades.

Ela também resolve se mudar para um apartamento onde possa morar sozinha e diz que quer ter seu lugar, seu cantinho com suas coisas. Refletindo sobre esse período em que morou na casa do filho, ela afirma:

"Eu acho que eu não sabia bem quem eu era". Ao fim da sessão ela diz que precisará mudar seu horário, pois esse é um horário com muito trânsito e às 19h precisa estar sentada na sala de aula. Caio estranha e pergunta sobre a aula, Haidée então revela que fará um cursinho para prestar Medicina, o curso que ela sempre quis e agora tem tempo de sobra. Ela completa: "O tempo passa rápido, né? Quando menos esperar vou tá aí pegando o diploma e a minha neta já vai ter idade pra ter orgulho da avó".

Também decide tirar a aliança de casamento que usava até então: "Eu vou guardar pra sempre. Eu achei que eu ia morrer naquela casa, daquele jeito, viúva do Afonso, esperando o dia da minha morte, né? Daí eu percebi que eu usar essas alianças era uma forma de ficar presa em coisas que foram importantes pra mim, mas naquele período da minha vida, sabe? O Afonso sempre vai fazer parte da minha vida. Foi o homem com quem eu vivi cinquenta anos. Tirar as alianças não apaga nada disso, só vai suavizar essa lembrança. Pra novas coisas acontecerem na nossa vida a gente tem que deixar algumas irem embora, né? E eu quero abrir espaço pra essas novas coisas acontecerem, pra vida continuar". E refletindo sobre sua vida: "Eu mesma quando cheguei aqui eu nem tava viva, eu não tinha vontade, desejo, sonho...". Essas falas demonstram a jornada interna da paciente, como ela percebeu sua situação e conseguiu traçar outra forma de viver. Antes ela estava vivendo em suspenso, nem estava viva, como ela mesma fala. Utilizou de sua capacidade para esperança e mobilizou suas capacidades internas rumando em um novo destino. Pôde observar as questões sobre o luto, questões que a impediam de formular outras compreensões da vida e seu sentimento de destino único para a vida foi repensado.

Ela continua: "É realmente um privilégio, é um presente ter conseguido chegar até aqui. E eu acho que se as pessoas soubessem o quanto é bom sentir isso não iam ter tanto medo de envelhecer". Haidée diz que é seu aniversário e que ela não gostava muito de comemorar, mas naquele dia, em seu aniversário de 68 anos, ela sentiu essa vontade. Vontade de comemorar suas lutas e vitórias com as pessoas importantes para ela. Tira da bolsa um pacotinho. Abre e entrega a Caio um brigadeiro dizendo que eles irão começar as comemorações ali! Diz que quer ser lembrada como alguém que aprendeu a viver aos 68 anos.

O espaço terapêutico é onde o paciente pode expressar sua esperança de ser escutado, apesar dos ocorridos em sua vida. A busca pela escuta do outro é uma característica da esperança e a clínica com idosos demonstra que essa busca nunca termina até que possamos ser encaminhados a esse encontro. Somente então o trauma poderá ser ressignificado e o indivíduo poderá passar para um estágio independente, com objetos internalizados de forma a viver seu verdadeiro *self*, sendo a esperança a força que mantém essa busca.

Referências

BOSI, Ecléa. *Memória e sociedade: Lembranças de velhos*. 3. ed. São Paulo: Companhia das Letras, 1994.

ERIKSON, E. H. *Infância e Sociedade*. 2. ed. Rio de Janeiro: Zahar, 1976.

FIGUEIREDO, L. C. "O paciente sem esperança e a recusa da utopia". *Psicanálise: Elementos para a clínica contemporânea*. São Paulo: Escuta, 2008.

______. "Os tempos em análise (Ideias a partir da psicanálise da prática psicanalítica)". *Cad. Psicanál.* (CPRJ), 41 (40): 21-34, jan.-jun. 2019. (Rio de Janeiro).

GARCIA-SANTOS, Seille Cristine; ALMEIDA, Leandro da Silva; WERLANG, Blanca Susana Guevara. "Excelência Humana: A contribuição da personalidade". *Paidéia*, 22 (52): 251-260, ago. 2012. (Ribeirão Preto). Disponível em: http://www.scielo.br/scielo.php?script=sci_arttext&pid=S0103-863X2012000200011&lng=en&nrm=iso. Acesso em: 17 mar. 2020.

HEIDEGGER, Martin. *Ser e tempo*. 10. ed. São Paulo: Vozes, 2015.

KUPERMANN, D. *Por que Ferenczi?*. São Paulo: Zagodoni, 2019.

MALUHY, Bruna Ballan; GENAR JUNIOR, Fernando. "Reflexões sobre velhice e o verdadeiro self: Relato de experiência". *Rev. SBPH*, 16 (2): 42-53, dez. 2013 (Rio de Janeiro).

MONTAGNA, Plinio Kouznetz. "Sobre desamparo e resiliência". *In*: MELLO, Rita Andréa Alcântara de; SANTOS, Walkiria Nunes Paulo dos (orgs.). *Des-amparo e a mente do analista*. São Paulo: Blucher, 2018.

MOTTA, Ivonise Fernandes; ROSAL, Anna Silvia Rosal de; SILVA, Cláudia Yaísa Gonçalves da (orgs). "Capacidade para Esperança". *Psicologia: Relações com o contemporâneo*. São Paulo: Ideias & Letras, 2018.

SOARES, E, C. *O idoso de bem com a velhice: Um estudo envolvendo idosos que relatam o envelhecimento como satisfatório*. São Paulo, Instituto de Psicologia da Universidade de São Paulo, 2017 (Tese de Doutorado).

WINNICOTT, D. W. *Explorações Psicanalíticas*. Porto Alegre: Artes Médicas Sul, 1994.

______. *Holding e Interpretação*. São Paulo: Martins Fontes, 1991.

______. *O ambiente e os processos de maturação: Estudos sobre a teoria do desenvolvimento emocional*. Porto Alegre: Artmed, 1983.

______. *Tudo começa em casa*. São Paulo: Martins Fontes, 1999.

6. Envelhecer com Poesia: A esperança num vir-a-ser

Mariana Balieiro Mussoi

As araucárias...
O refinamento por trás do poente
Faz desse momento em que a natureza silencia...
O infinito.

(“Um tempo em mim”, Mariana Balieiro Mussoi)

Como bem lembrou Outeiral (2013), referendando Winnicott em “Adolescer, adultecer e especialmente, a envelhescência: o vir a ser na vida”, o tempo da vida é o gerúndio, um contínuo vir a ser, um *present continuous*. Na linha de existência, no percorrer do desenvolvimento que tem o início na gestação, passando pela infância, adolescência, adultecer e amadurecer, existe sempre um por vir quando há o encontro com um outro; desde o primeiro vínculo no cuidado amoroso da mãe com o seu bebê, passando pelo brincar, se estendendo a outras experiências vitalizantes na linha da vida como o encontro com a arte, em suas diferentes manifestações, e com a cultura. Nessa compreensão está imbuído o conceito de esperança no por vir que acontece quando o potencial de desenvolvimento presente durante toda a vida encontra condições e um ambiente favorável para se manifestar.

As experiências amorosas advindas de um encontro genuíno são fundamentais para a natureza humana, pois retomam aspectos fundantes e estruturantes de cada ser – segurança, continuidade, confiabilidade, intimidade, criatividade, o brincar – originadas na relação de mutualidade mãe-bebê, matriz do amor primordial. Segundo Gutfreind (2014, p. 50):

> É no ritmo do encontro com a figura materna – com a arte, imagem, música que se constroem as condições para que um dia o texto escrito venha. Depois isto pode ser reproduzido com a leitura. Ou com a transferência, na psicanálise. [...]
> Encontros são definitivos, hipóteses comprovadas. O encontro de um amor, de um livro, um analista.

Neste texto me proponho a olhar, ir ao encontro do envelhecer com a poesia através de trechos do filme *Poesia*, filme sul-coreano de Lee Chang-dong, ganhador do prêmio de roteiro no Festival de Cannes de 2010, abordando dois temas com os quais venho me dedicando a estudar: o envelhecimento/amadurecimento e a poesia. Para tanto, irei trilhar alguns caminhos iniciais do desenvolvimento, abordar sucintamente o amadurecer, falar/sentir a poesia, e então chegar nesse encontro através do filme.

Caminhos iniciais do desenvolvimento

O primeiro encontro na vida humana é o encontro do bebê com sua mãe. Haja vista a frase de Winnicott (2000, p. 165), “Isso que chamam de bebê não existe”. Quando se fala no bebê, junto está a sua mãe. Em torno de cada bebê existe o cuidado de alguém. No estágio de Dependência Absoluta, a mãe se identifica com as necessidades do filho, e sendo capaz de fazer uma boa adaptação às mesmas, a faz com uma sutileza do manejo de suas funções maternas. É um ajuste cuidadoso e sensível ao que o bebê precisa. Através do *holding* materno, o bebê começa a experimentar uma confiabilidade na mãe, que é o ambiente. Winnicott (1994), no texto de 1969, “Experiência Mãe-Bebê de mutualidade”, sinaliza que essa área de influências mútuas é uma área sagrada. Diz o autor que é como se uma obra de arte estivesse sendo submetida a um processo analítico. Também salienta que esses fenômenos iniciais são tão importantes que deveriam ser deixados em paz.

A continuidade no tempo e em um espaço seguro desse vínculo confiável que muito se dá por uma comunicação silenciosa põe em marcha o potencial de vir a ser do bebê. E então, se tudo corre bem, vai acontecendo a experiência de mutualidade desse par, dessa dupla, nessa jornada inicial da vida.

Entre eles, nesse início, acontece algo anterior à palavra – no nível pré-verbal – e também, na minha compreensão, além da palavra. Algo além do dizível que nasce desse primeiro encontro afetivo, de cuidado e atenção. Primeiro encontro amoroso, o qual fomenta a possibilidade dos encontros amorosos posteriores, com os nossos pares, o amor fraterno, o amor romântico... Na obra *A gramática do silêncio em Winnicott*, Gomes (2017) traz que a experiência inicial do bebê com a sua mãe é pré-linguística, pré-representacional. Trata-se de uma comunicação predominantemente afetiva e corporal.

É complexo compreender um processo, um fenômeno que é anterior à palavra e, ao mesmo tempo, além dela. Nos familiarizamos com o simbólico pelo nosso processo evolutivo e momento atual do desenvolvimento; portanto, naturalmente tentamos aproximar o fenômeno utilizando a palavra na busca de tentar encontrar uma representação e nomeação para ele. Winnicott (2012), em *Os bebês e suas mães*, tenta traduzir o amor e os gestos maternos que se dão em uma comunicação silenciosa, no estágio inicial do desenvolvimento do bebê, através das seguintes palavras:

> Sou confiável – não por ser uma máquina, mas porque sei do que você está precisando; além disso, me preocupo e quero providenciar as coisas que você deseja (WINNICOTT, 2012, p. 87).

Se tudo corre bem nesse início, a aquisição simbólica do bebê se desenvolve naturalmente. Nesse ponto já estamos falando do ingresso nas experiências transicionais: objetos e fenômenos transicionais. O objeto transicional é o primeiro símbolo do bebê. Sua primeira posse não eu. Na relação de mutualidade com a mãe, o bebê vivencia a experiência de ilusão e de onipotência; ele cria o seio ao mesmo tempo que o seio foi apresentado no momento adequado a ele, pela mãe. Ou seja, o seio estava ali no momento que ele criou. Nesse espaço potencial, um "território de ninguém mas que na verdade é de cada um" (p. 89), como diz Winnicott (1975), o objetivamente percebido e o objeto subjetivamente concebido se sobrepõem. Isso se dá na terceira área de experimentação. O criar e o achar, embora pareçam contraditórios, coexistem, sinaliza Lejarraga (2012). Sobre a formulação dos fenômenos transicionais, Winnicott (1975) sustenta que a mesma se funda em nunca desafiar o bebê com a questão de se ele criou o objeto ou o encontrou. Essa é a característica essencial dos fenômenos e objetos transicionais; a qualidade da nossa atitude quando os observamos.

O primeiro brincar da criança se dá nesse espaço potencial do bebê com a sua mãe. O bebê vive a ilusão, tem uma experiência de onipotência, e, de acordo com as suas capacidades de assimilar e de seus recursos emocionais, vai vivenciando gradativamente a desilusão feita pelo ambiente. Para que isso aconteça, é necessário um encontro afetivo, amoroso, acolhedor e responsivo ao potencial criativo do bebê. Para Winnicott (1975), a criatividade está relacionada com a contribuição pessoal de cada ser humano na relação com o meio no qual se desenvolve e está inserido. Diz sobre a experiência do Ser, sobre o sentimento de que a vida vale a pena ser vivida, ao colorido de toda atitude relacionada à realidade externa, como escrito em *O amor em Winnicott* (LEJARRAGA, 2012).

Winnicott discorre sobre isso de uma maneira poética no texto "A localização da experiência cultural", em *O brincar e a Realidade* (1975), perguntando e dizendo "sobre o que versa a vida" (p. 137). A vida versa sobre as "experiências que fornecem a continuidade da raça humana que transcende a existência pessoal" (p. 139), experiências culturais que estão em continuidade direta com o brincar. O termo "experiência cultural" é uma ampliação da ideia dos fenômenos transicionais e do brincar, fenômenos que envolvem a experiência de relação de objeto cuja área lúdica possui uma variabilidade infinita.

Seguindo essa mesma linha de compreensão, Winnicott (1975) segue questionando e refletindo sobre o lugar em que vivemos. Pergunta: "o que estamos fazendo enquanto ouvimos uma sinfonia de Beethoven, ao visitar uma galeria de pintura?", "Que está fazendo uma criança, quando fica sentada no chão e brinca sob a guarda da mãe?" (p. 147). Acrescento: o que estamos fazendo e onde estamos quando lemos um romance, sentimos uma poesia que toca nosso coração ou interagimos com a natureza? Estamos na terceira área de experimentação que engloba uma terceira maneira de viver onde há o brincar e a experiência cultural.

Seguindo esses caminhos iniciais de desenvolvimento, como é possível observar, essas aquisições de experiências vitalizantes e criativas percorrem toda vida e seguem nas outras fases de desenvolvimento, incluindo o amadurecer.

Sobre o envelhecer, o amadurecer

Durante muito tempo, por questões sociais, históricas e culturais, respeitando, é claro, algumas particularidades de cada cultura, o envelhecimento foi associado a uma fase de declínio físico, emocional e cognitivo. Envelhecer estava relacionado a caminhar ou declinar rumo à finitude. Ao mesmo tempo, como um paradoxo, conseguir chegar à senilidade era um objetivo almejado, o velho era considerado por alguns um ancião, alguém com sabedoria acumulada nos anos vividos.

Como herança do processo de reduzir o envelhecimento a um declínio no desenvolvimento, segundo Mendonça e Souza (2020), ainda hoje acompanhamos as repercussões do vejismo, o preconceito pessoal internalizado e a percepção de um tempo de vida sem valor na longevidade.

Atualmente observamos uma inversão na pirâmide etária, aumenta-se cada vez mais o número de idosos no Brasil e no mundo, eles estão vivendo mais – o espectro do adulto maduro (MENDONÇA; SOUZA, 2019) é muito extenso – e buscam uma qualidade de vida integral. Segundo Mendonça e Souza (2019), "nunca na estória da evolução da humanidade tivemos tantas pessoas longevas e com boas condições de saúde". Essa é a tendência dos novos tempos. Essa fase ampla do desenvolvimento, o amadurecer, está sendo marcada por novas construções de sentido e significado. Certamente é uma fase com muitas mudanças físicas, hormonais, corpóreas (ósseas, musculares, neurológicas), mudanças na imagem, momentos marcados por perdas individuais e de entes queridos, por lutos, mas também momentos marcados por outras construções criativas e potenciais.

Segundo as contribuições das autoras acima citadas, a série de modificações elencadas pode despertar no adulto maduro o sentimento de despersonalização, semelhante ao vivido pelos adolescentes, que seria o não reconhecimento de si mesmo e a desrealização quando ocorre o estranhamento do ambiente e da realidade na qual está inserido. No envelhecimento saudável, o adulto maduro vive o narcisismo senescente, não patológico; ele retira a libido temporariamente dos objetos e retorna ao eu. Essa libido é realocada para que possa ser feito um novo mapeamento da personalidade, um redimensionamento do ideal, dos desejos, um novo reconhecimento do eu e da autoimagem, considerando o patrimônio histórico pessoal, além das mudanças rápidas da vida contemporânea. A partir do narcisismo senescente se pode elaborar a despersonalização.

Lembrando que o envelhecimento é um processo multifatorial, sempre é importante um diagnóstico diferencial do orgânico por um profissional qualificado para então avaliar o psíquico, sendo sensível às interferências psíquicas.

Como ganhos do envelhecimento, podemos elencar: a longevidade acompanhada pela qualidade de vida – quando o ambiente circundante favorece –, novos planos a partir da aposentadoria, a sabedoria acumulada nos anos vividos e através das experiências, a proatividade, tempo livre despertando novos interesses ou antigos que nunca puderam ser experimentados, a persistência da sexualidade que se apresenta por outros caminhos, novos paradigmas da imagem, o ócio e a criatividade.

Farei um parêntese no item criatividade que tem sua origem nos caminhos iniciais do desenvolvimento descritos anteriormente, e tem tanto a contribuir para um amadurecimento saudável e para uma vida que vale a pena ser vivida mesmo com seus percalços e sofrimentos, lhe atribuindo sentido e importância. Em consonância com Mendonça e Souza (2019), a criatividade humana é pura carga libidinal, energia de vida, e a libido não envelhece. Se tudo corre bem, a libido é religada constantemente.

A poesia como criatividade e gesto espontâneo em ação

Freud, no texto "O poeta e o fantasiar", de 1908, faz um questionamento e, em seguida, responde-o:

> Não deveríamos procurar os primeiros indícios da atividade poética já nas crianças? A atividade que mais agrada e mais intensa das crianças é o brincar. Talvez devêssemos dizer: Toda criança brincando se comporta como um poeta, na medida em que ela cria o seu próprio mundo, melhor dizendo, transpõe as coisas do seu mundo para uma nova ordem que lhe agrada. Seria então injusto pensar que a criança não leva a sério esse mundo; ao contrário, ela leva muito a sério suas brincadeiras mobilizando para isso grande quantidade de afeto (FREUD, 1908, p. 54).

Trilhando esse caminho da citação de Freud, contemplo a poesia como uma experiência amorosa, criativa, que utiliza todos os elementos sensoriais percorrendo a jornada do simbolismo no tempo a se concretizar na palavra, na sua sonoridade e no conjunto. A poesia nasce a partir de registros históricos, registros de encontros, e, como toda dualidade, desencontros, traços mnêmicos: imagens, sons, texturas, cheiros, lembranças... Aí está a origem da grande quantidade de afeto que mobiliza, dá sentido, que persiste além do tempo Cronos, existe no tempo Kairós, o tempo subjetivo no qual vamos vivendo as experiências psíquicas. Assim, a poesia apresenta o seu caráter integrador, unindo o objetivo com o subjetivo, como na citação de Freud em que "a criança transpõe as coisas do seu mundo para uma nova ordem que lhe agrada". Acrescento, aqui, a criança, o adolescente, o adulto e o adulto maduro no amadurecer. É uma experiência repleta de sentido e vitalizante. É uma experiência amorosa, uma experiência de esperança, de um porvir.

Filme *Poesia*: Um olhar sobre o encontro com a poesia

Poesia (*The Poetry*) é um filme sul-coreano de Lee Chang-dong, ganhador do prêmio de roteiro no Festival de Cannes de 2010. Narra a estória de Mija, uma senhora de 66 anos de idade, uma adulta madura, que sofre da doença de Alzheimer.

Como parênteses, segundo Guedes (2018, p. 21):

> A doença de Alzheimer é uma doença neurológica degenerativa progressiva e irreversível, que tem início insidioso e é marcada por perdas graduais da função cognitiva, por distúrbios do comportamento e do afeto. Normalmente, o primeiro aspecto clínico notado, inclusive por familiares, é a perda da memória recente, que se refere aos fatos e acontecimentos novos, ficando preservada a memória de fatos e acontecimentos antigos, também conhecida como memória remota.

Mija vive com o neto adolescente. A mãe do menino se separou do pai dele e foi morar e tentar a vida em outra cidade, e o neto, no auge da sua adolescência, ficou sob os cuidados e responsabilidades da avó.

Mija desde sempre tem uma atração por coisas simples e belas que a rodeiam. Certa vez, sua filha disse a ela que tinha uma veia de poeta, que gostava de flores e coisas estranhas. Quando ela descobre a sua doença, o Alzheimer, ao mesmo tempo que acompanha sérios problemas com os quais o neto estava envolvido (um abuso coletivo de uma colega de aula que comete suicídio), buscando ajudá-lo no que ainda é possível,

Mija procura um centro cultural e começa a estudar poesia. Durante todo o filme, sentindo e vivendo os acontecimentos ao seu redor, tenta escrever uma poesia e consegue no final do seu percurso vital. Vivendo com seus dramas pessoais e tendo uma vida sacrificada, trabalha como doméstica e ainda cuida de um senhor também idoso que sofreu um AVC, dando banho, cuidando da sua higiene, administrando remédios. Mija começa a buscar nas palavras não apenas um passatempo, mas um meio de transcendência dessa realidade.

No decorrer de todo o seu processo de enfrentamento da doença, que avança todos os dias marcando cada vez mais lapsos e esquecimentos, Mija segue no seu propósito: entender como é o processo de escrever uma poesia, muito sensível aos elementos do ambiente que a circunda. Aos poucos, vai descobrindo que o poético nem sempre é sinônimo de belo. Mija busca uma experiência integradora para o seu Ser e Viver no seu momento de vida. Diz Winnicott (2012): "Venha para o mundo de uma forma criativa, crie o mundo; só o que você criar terá significado pra você" (p. 90). Mija vai criando o seu mundo de forma poética, buscando integrar muitas das experiências de sua vida. Como num canal[1] que discorre sobre o filme, "A palavra de Mija é o seu domínio sobre o mundo", assim como a experiência de onipotência do bebê no seu brincar inicial com a mãe.

Mendonça (2013, p. 246) escreve que "dar significado à própria vida é uma das funções básicas da biografia pessoal". Isso independente da fase de vida e do desenvolvimento do indivíduo. E foi esse o movimento de Mija: apesar dos seus prejuízos e lacunas de memória, abastecendo-se com algumas reminiscências, ela fez a sua revisão vital do modo como pôde e que lhe foi permitido em situação da sua doença, porque, como no poema "Sono" de Winnicott, deixou que a sua raiz fosse ao fundo da sua alma. Sugou a seiva da fonte infinita do seu inconsciente o quanto foi possível, e no seu tempo de vida permaneceu sempre verde, vivenciando intensamente suas dores e os seus bálsamos.

---

1 Poesia, de Lee Chang - dong @Canal180. Publicado em: 26 out. 2011. Acesso em: 03 set. 2019.

Podemos supor que Mija provavelmente conseguiu esse sentido de vida que vale a pena ser vivida por ter tido uma base inicial de desenvolvimento que sustentou o sentimento de ter sido muito amada. Numa das passagens do filme, Mija tem uma lembrança e relata um momento amoroso da irmã com ela. Lembra e relata os detalhes como a cor do vestido que a irmã estava usando, a cortina da sala... Como bem escreve Lejarraga (2012, p. 90) em *O amor em Winnicott*:

> Não poderíamos imaginar uma pessoa criativa e capaz de desfrutar a experiência do viver, que não tenha tido significativas experiências de alegria na sua infância; desde o bem-estar calmo e confiante da mutualidade até o brincar espontâneo e feliz. Essas experiências de alegria iniciais criam uma base sólida e positiva para enfrentar, ao longo da vida, as decepções, o sofrimento e as perdas inevitáveis.

Retomando Freud no texto "O poeta e o fantasiar" (1908), uma forte experiência atual pode despertar no poeta uma lembrança de uma vivência antiga. Desse modo, a criação literária permite que se reconheçam tanto elementos de acontecimentos recentes como também antigas lembranças. Mija teve uma experiência estética. Uma experiência que, segundo Golstein (2019), habita a zona intermediária, o espaço transicional, o que lhe permitiu uma condição de reencontro e elaboração do trauma.

Eis a poesia que Mija escreveu, intitulada "A canção de Agnes":

> Como é lá?
> Quão solitário é lá?
> Ainda é vermelho o pôr do sol?
> Os pássaros continuam cantando no caminho para a floresta?
> Pode receber a carta que não ousei enviar?
> Posso transmitir a confissão que não ouvi fazer?
> O tempo passará e as rosas desaparecerão?
> Agora é hora de dizer adeus
> Como o vento que permanece e depois vai
> Exatamente como as sombras

Para as promessas nunca cumpridas
Para o amor mantido até o fim
Para a grama beijando meus tornozelos cansados
E para os pequenos passos que me seguem
É hora de dizer adeus
Assim como a escuridão cai
Uma vela será acesa novamente
Aqui eu rezo
Para que ninguém deva chorar
E para que saiba
O quanto te amei
A longa espera
Durante uma longa noite de verão
Um velho pensamento me lembra o rosto do meu pai
Mesmo a solitária flor selvagem subitamente afasta-se
Quão profundamente amei
Como meu coração acelerou
Ao ouvir sua débil canção
Eu te abençoo
Antes de cruzar o rio negro como último suspiro da minha alma
Começo a sonhar com uma manhã brilhante
Outra vez desperto ofuscada pela luz e o encontro
Esperando por mim

O filme termina com esse rabisco em poesia e em reticências... Agnes era o nome da colega de seu neto que se suicidou. Fazendo o meu rabisco, trazendo a minha contribuição, compreendo que Mija fala de si através de Agnes: suas lembranças, sua revisão vital, seus laços, seus afetos, suas perdas, o amor e o encontro. Ao mesmo tempo, dá voz à Agnes no momento de sua partida (o da adolescente) através do poema que compôs: o que será que Agnes sentiu? O que pensou? O que imaginou? Como foi essa transição da vida para a morte?

Mija, assim como Winnicott, parece ter estado muito viva no momento de sua morte. Não viveu uma morte em vida. Sugou toda a seiva enquanto sua vida teve sentido, com as suas dores e seus amores.

Termino com uma citação de Gutfreind (2019, p. 87):

> Brincar é o protótipo da criação a partir de Freud e Winnicott. Brincar para vincular-se e partir. Como amar e despedir-se, para o Poeta Pablo Neruda (1971): eu crio porque fui amado e preciso criar novamente para ir embora com o primeiro amor guardado em mim em direção dos próximos.

Referências

FREUD, Sigmund. "Arte, literatura e os artistas". *Obras Incompletas de Sigmund Freud.* São Paulo: Autêntica, 2015.

GOLDSTEIN. Gabriela. *A experiência estética: Escritos sobre psicanálise e arte.* Tradução Adriana May Mendonça, Denise Martinez Souza, Marcia Zart. Terra de Areia, RS: Triangulo Graf, 2019.

GOMES, Sergio. *A gramática do silêncio em Winnicott.* São Paulo: Zagodoni, 2017.

GUEDES, Mariana de Araújo. "Doença de Alzheimer: Cuidando de quem não esquece". *Um olhar da Psicologia para a terceira idade.* Porto Alegre: Secco, 2018.

GUTFREIND, Celso. *A infância através do espelho.* Porto Alegre: Artmed, 2014.

_______. *A arte de tratar: Por uma psicanálise estética.* Porto Alegre: Artmed, 2019.

LEJARRAGA, Ana Lila. *O amor em Winnicott.* Rio de Janeiro: Garamond, 2012.

MENDONÇA, Adriana; SOUZA, Denise. *Curso de Psicoterapia de Adultos Maduros.* Porto Alegre: Instituto Cyro Martins, 2019.

MENDONÇA, Adriana; SOUZA, Denise. *O adulto maduro no divã: Ampliações teóricas.* Terra de Areia, RS: Triângulo Graf. Ed., 2020.

MUSSOI, Mariana Balieiro. *Um tempo em mim.* São Paulo: Patuá, 2019.

OUTEIRAL José; MENDONÇA Adriana; SOUZA Denise; SANTOS Stela; MOURA Luiza (orgs.). *Amadurecer: Ensaios sobre o envelhecimento*. Curitiba: Maresfield Gardens, 2013.

WINNICOTT, D. W. *Da Pediatria à Psicanálise: Obras escolhidas*. Rio de Janeiro: Imago, 2000.

______. *Explorações psicanalíticas*. Porto Alegre: Artmed, 1994.

______. *Os bebês e suas mães*. São Paulo: Martins Fontes, 2013.

______. *O brincar e a realidade*. Rio de Janeiro: Imago, 1975.

Segunda parte
ESPERANÇA E PARENTALIDADE

7. O gesto e o gestar em psicanálise

Margarete Schiavinatto

Embora a psicanálise de temas pertinentes se baseie na verbalização, todo analista sabe que, junto ao conteúdo das interpretações, a atitude por trás da verbalização tem sua própria importância, e que esta atitude se reflete nas nuanças, no ritmo e em milhares de outras formas que podemos comparar à variedade infinita da poesia.[1]

(Donald W. Winnicott)

Este é o relato de uma história vivida sobre as mães e seus bebês, uma experiência clínica. "O questionamento antes do poema", que escrevi em 1995, e transcrevo abaixo, sempre me ajuda a pensar sobre e a compreender o que acontece naquele espaço de tempo em que ficamos com um paciente. Assim também aconteceu durante as sessões de atendimento de Alice.[2]

O questionamento antes do poema

E se o pássaro deseja ser capturado
Olhar nos olhos do pesquisador e encontrar a vontade de preservar
E se o pássaro deseja esse encontro para sentir o toque
E se o pesquisador acolher o pássaro e sentir a emoção do encontro
E se o pássaro deseja o momento da captura para perceber o desconhecido e depois realmente viver a existência

1 WINNICOTT, D. W. *Os bebês e suas mães*. 3. ed. São Paulo: Martins Fontes, 2006, p. 85.
2 Nome fictício.

E se todos nós somos pássaros à procura de um pesquisador
Alguém que nos espreite, nos capture e nos aponte imagens que jamais serão esquecidas.

Quando Alice chegou, não deixou dúvida de que teríamos uma distância bem formalizada. Eu, ela e um espaço intocado entre nós. Educada e reservada, disse precisar de poucas sessões, o suficiente apenas para pensar sobre a possibilidade de finalizar seu casamento. Não perguntei o número de sessões que tinha em mente. Apenas pensei que não precisaria delimitar sua permanência. Ela ficaria comigo o quanto quisesse e depois poderia partir. Sempre precisamos de liberdade. Respeitei sua possibilidade de ir e vir, sem me tornar um objeto perseguidor para somar-se às suas outras angústias.

Bem, disse à Alice, "não estipularemos número de sessões e você poderá interrompê-las no momento que quiser". Ela concordou. Nos encontrávamos uma vez por semana. Sem atrasos nem faltas. Ela era muito cuidadosa e respeitosa com horários e honorários.

Ela relatou que depois de três anos de casamento sem ter conseguido engravidar veio buscar ajuda para se separar do marido e voltar a morar com sua mãe. Mesmo os exames mostrando os dois aptos a gerarem um filho, culpava o marido pela infertilidade. Fiquei pensando se ela queria mesmo sair da condição de dependência para ter o seu próprio bebê. Para isso, necessário seria amadurecer, diferenciar-se da mãe e descobrir que poderia ser uma pessoa e ainda assim possuir a mãe como um objeto amoroso.

Para Winnicott (2006, p. 47), há "uma jornada progressiva e gradual que vai da dependência absoluta à independência, passando por uma fase de dependência relativa. Uma grande parte depende dos recursos ambientais, de tal forma que é impossível descrever um bebê ou uma criança pequena sem que se inclua uma descrição dos cuidados que ela recebe, e que só gradualmente vão se transformando em algo separado do indivíduo". Há o momento, ressalta Winnicott, quando a criança constitui o "eu", separando-se do "não eu". Fiquei pensando, e se algo acontece na percepção do bebê referente ao ambiente que o impede de se separar? Pode ser que Alice tenha se sentido culpada no momento do repúdio, do escolher entre continuar sendo a filha e, desta maneira, preservar a mãe na relação dual, ou optar pelo "eu sou", redefinindo os papéis da história que estava construindo, uma conquista que é a base para o desenvolvimento pessoal do ser humano. Esse pensamento me ajudava a estar ao lado dela, um exercício também de esperança que poderia colaborar para ela se descobrir como um "eu" separado.

Depois de oito ou dez sessões, ela chegou dizendo que ficaria um pouco mais para tentar entender sobre mais coisas da sua vida. Novamente afirmei que ela poderia ficar o quanto quisesse. E assim foi.

Durante as sessões, Alice fez muitas queixas do marido, pois ele "não adivinhava" o que ela precisava. Se sentia descuidada por ele. Me avisava, desta forma, o quanto ela queria que eu a adivinhasse, cuidasse, como uma mãe que o marido não sabia ser. A intenção de "substituir" o primeiro objeto amoroso (mãe) por alguém que pudesse satisfazer todas as suas necessidades primitivas e ainda lhe dar um bebê – a mãe não conseguiria este feito – estava sendo muito angustiante.

Em dado momento, ressaltei que ela estava confusa, com muitos sentimentos ainda não nomeados: a dificuldade de engravidar, o papel que o marido representava em sua vida... Seria ele apenas a possibilidade de ajudá-la a ser mãe ou também tinha um lugar em seu mundo interno como objeto amoroso, como homem e marido? A diferenciação foi gradativa e bem sutil a partir daquele momento. Era muito difícil para ela aceitar que o marido não adivinhava seus pensamentos e desejos. À medida que o entendia como "outro" e constatava a impossibilidade de ele saber o que ocorria dentro do seu mundo interno, facilitou também o reconhecimento de ser ela uma pessoa separada da mãe. Rozenberg (2018, p. 140) ressalta: "a ausência do objeto deve ser vivida dentro do tempo suportável para o bebê". Que tempo seria esse para Alice? "Mas, afinal, é preciso nascer: abandonar a mãe, desde o primeiro dia, em todo caso sair dela", como escreve Comte-Sponville (2007, p. 23).

Ainda assim, eu tinha o sentimento de que ela morava em uma redoma de vidro fosco, com pouca possibilidade para enxergar o entorno mais distante daquele vivido na relação com a mãe. Sempre parecia estar ligada ao cordão umbilical, como um ente que não poderia se desenvolver, pois a culpa pelo abandono da mãe a encontraria e a arrebataria, impedindo seu caminhar rumo à independência.

Mesmo sentindo-se capaz de construir uma vida junto ao marido, o desejo de voltar para aquilo que ela conhecia, o lugar de dependência, era muito forte. "Pois de tudo fica um pouco. Fica um pouco de teu queixo no queixo de tua filha", escreve Carlos Drummond de Andrade, em seu poema "Resíduo". Será que Alice sabia que a mãe poderia ser encontrada dentro dela, como um objeto bom que a ajudaria a cuidar do bebê sonhado, caso ele nascesse, transformando uma culpa paralisante em responsabilidade pelo objeto? Em minhas especulações subjetivas, eu vislumbrava essa possibilidade. Aqui residia a minha esperança – um sentimento diferenciado de desejo, pois estava alicerçado na dúvida analítica. Afinal, nunca sabemos quando iremos nos encontrar com o término de uma análise, ou mesmo com sua interrupção.

Como estava difícil para ela deixar de ocupar o lugar de filha. Talvez Alice temesse ir além daquilo que sua mãe pôde realizar. Motta (2006, p. 33) ressalta: "a confirmação de que fomos além do que nossos próprios pais conseguiram proporcionaria valor a eles próprios, proporcionaria valor a nossas vidas". Alice precisava sair de um estado de dependência para o estado de independência, e precisávamos, juntas, construir este caminho.

Era como se, para isso acontecer, fosse necessário destruir a mãe em seu mundo interno. Winnicott (1983, p. 20-21) afirma que "o sentimento de culpa é pouco mais do que ansiedade com uma qualidade especial, ansiedade sentida por causa do conflito entre amor e ódio. O sentimento de culpa implica a tolerância da ambivalência". Alice vivia um conflito: ou amava a mãe e permanecia como filha, estagnada em seu desenvolvimento, para cristalizar a existência dela, ou a abandonava, e isso poderia significar odiá-la. Ainda não havia descoberto que poderia ser filha (e isso significar preservar a mãe conhecida) e ser mãe (e isso significar caminhar rumo ao seu amadurecimento pessoal). Ambivalência e integração. Motta (2006, p. 33) enfatiza: "esse é o significado das passagens das gerações quanto à possibilidade de melhora, quanto à possibilidade de enriquecimento: se nossos filhos foram além do que nós fomos, então muito do que trabalhamos, muito dos nossos próprios esforços valeram a pena".

Caminhamos lado a lado e, gradativamente, Alice foi descobrindo que poderia manter o objeto amado, conviver e usufruir dele através das transformações vividas em terapia. O tempo em análise foi passando.

A cada sessão falávamos mais sobre seu mundo interno e as presenças significativas, falávamos sobre como interagia com o mundo ao seu redor e como se relacionava com o marido. Alice tinha muita dificuldade de estar a sós com ele em seus pensamentos. Sempre tinha a presença da mãe. Devagar conseguimos afastar um pouco a imagem da figura materna; devagar e amorosamente. E ela pôde, de fato, se relacionar sexualmente com o marido. Mais amorosa e mais fecunda...

Um dia Alice chegou para mais uma sessão. Estávamos juntas há quase dois anos. No horário de seu atendimento, abri a porta para recebê-la. Ela estava usando uma blusa de malha branca, bem leve, de verão. Caminha e senta-se na poltrona à minha frente. Vejo-a grávida. Os contornos sob a blusa desenham em sua barriga um formato que me fez "intuir" a gravidez. Não disse nada, apenas tive uma experiência impactante pois me prendeu a atenção por um bom tempo. Aquela visão inundava meus pensamentos deixando-me quase incapaz na minha função. Daquela sessão pouco ficou em minha memória. Calei-me, impossibilitada, naquele momento, de compreender tudo aquilo. Nada disse a ela sobre isso. Dias (2003, p. 47) cita Winnicott (1974): "O entendimento intuitivo da natureza humana muitas vezes se mostra pouco confiável como guia no campo mais geral da vida social". E "a intuição não é suficiente para a prática da psicologia". Naquele momento não podia fazer uso da experiência vivida por não conseguir compreender em qual direção ela me levaria.

Em nosso próximo encontro, refeita da experiência, mas ainda sem compreender, recebi Alice. Ela chega muito alegre (diferente das outras sessões) dizendo que havia marcado exames pois sua menstruação estava atrasada há uma semana – noto sua ansiedade. Bem, talvez eu tivesse realmente vivido uma experiência intuitiva. Para Bion (1992), citado por Zimerman (1995, p. 153), "a intuição designa uma condição que possibilita que o psicanalista possa ver (é diferente de olhar), escutar (é diferente de ouvir), ou sentir (é diferente de entender) o que está aquém e além das impressões captadas pelos órgãos dos sentidos. É necessário, pois, certa privação do sensório para que surja uma maior sensibilidade na analista". Penso que, naquele momento, intuí a gravidez de Alice, sua apropriação do "eu-sou", seu amadurecimento. Na sessão seguinte, ela traz o resultado para compartilhar a felicidade. Estava grávida. Caminhamos juntas e vi, de fato, mês após mês, aquela barriga crescer e arredondar. Parecia que, enfim, ela teria seu bebê.

Entendo que o processo analítico pôde ajudar Alice em seu amadurecimento. Winnicott (2006, p. 81) propõe: "a psicanálise teve que partir de uma base de verbalização, e que tal método é perfeitamente adequado para o tratamento de um paciente sobre cujas experiências iniciais não tenhamos qualquer dúvida". E conclui: "esses pacientes já atravessaram satisfatoriamente as experiências iniciais, em decorrência do que lhes é dado o privilégio de experimentarem conflitos pessoais interiores". Quando em análise, "encontram alívio em novas experiências simplificadas, amostras que eles próprios escolhem cuidadosamente dia após dia (claro que não de forma deliberada) para se defrontarem com a neurose de transferência, em permanente processo de mutação".

No oitavo mês de gestação, Alice precisou interromper as sessões a pedido do médico. Ficaria de repouso até chegar a hora de o bebê nascer. Nos despedimos na sessão seguinte. Bem mais afetiva do que quando chegou, ela deixou em seu lugar a promessa – ligaria para dizer sobre o nascimento do bebê – o que fez no mês seguinte. Falou sobre a filha e disse que, quando terminasse sua dieta, a traria para eu conhecê-la. Devo confessar, desejei que isto acontecesse. Mas ela não ligou e nem voltou...

Comte-Sponville diz (2007, p. 41): "Não devemos idealizar as mães". Eu penso que também não devemos idealizar as "mães analistas". Resolvi relatar esta experiência para chegar até aqui, no meu desconforto diante da ruptura. O reconhecimento do desejo de que pudesse acontecer a visita de Alice e sua bebê. A minha angústia da espera, o envolvimento emocional vivido na contratransferência, e que pode nos enredar por conta de nossas próprias histórias. Mello Filho (2001), fazendo uma referência à obra de Winnicott, ressalta a importância do analista ser ele mesmo junto aos seus pacientes. Ser uma pessoa muitas vezes vulnerável aos seus sentimentos e ações. É nesta ideia que me debruço para compreender melhor o envolvimento e a emoção sentida junto de Alice, em que só pude pensar bem mais tarde. Naquele momento de espera eu vivi apenas a falta.

Abram (2000, p. 68) ressalta na obra de Winnicott "que a experiência de mutualidade depende tanto da mãe, em função de sua identificação com o filho, quanto do bebê, por causa de seu potencial interior de crescimento. Para o bebê isto se constitui em um grande feito". A mutualidade é o princípio da comunicação entre duas pessoas. Mesmo nós que fazemos uso da psicanálise em nosso trabalho, jamais poderemos "recriar" o ambiente primário com todas as suas cores e singularidades. Talvez possamos tentar uma "releitura" de uma obra de arte legítima. Vale a tentativa para uma comunicação cuidadosa e criativa durante o processo analítico. Penso que, ao menos, eu tentei me aproximar desta ideia.

Em Bachelard (1988, p. 107) podemos ler:

> [...] é o ninho vivo que poderia introduzir uma fenomenologia do ninho real, do ninho encontrado na natureza e que se torna por um instante – a

> palavra não é muito grande – o centro do universo, o dado de uma situação cósmica. Ergo suavemente um galho; o pássaro está ali chocando os ovos. Não levanta voo. Somente estremece um pouco. Tremo por fazê-lo tremer. Tenho medo de que o pássaro que choca saiba que sou um homem, o ser que deixou de ter a confiança dos pássaros. Fico imóvel. Lentamente se acalmam – imagino eu! – o medo do pássaro e meu medo de causar medo. Respiro melhor. Deixo o galho voltar ao seu lugar. Voltarei amanhã. Hoje, trago comigo uma alegria: os pássaros fizeram um ninho no meu jardim.
>
> [...]
>
> Eis o ninho vivo, o ninho habitado.

Vivemos também esta experiência de ninho quando recebemos alguém que será transformado e transformará o outro. Costumo dizer que ninguém sai ileso de uma análise, muito menos o analista. As pessoas envolvidas escreverão uma história, talvez um poema... O trabalho do analista é permitir ninhos em seu jardim, em sua sala de análise. É permitir leituras, releituras, poesia, drama, histórias sem fim.

***

Discorrendo sobre o lirismo, Rozenberg (2018, p. 144) ressalta:

> O objeto lírico pode ser também uma pessoa, que, ao ser escolhida, transforma e é transformada por ela. Penso que esta é a experiência que ocorre com a dupla analítica. O encontro entre as duas subjetividades torna as experiências bastante mais complexas.

Não posso negar que viver a função de mãe analítica, ser aquela que observa e cuida para uma pessoa cumprir o destino desejado de cuidar, deixou-me com a expectativa da visita de Alice e sua filha. A angústia da espera foi se desvanecendo, dia após dia, eu cuidando de outras pessoas e suas histórias, com ou sem final feliz. Pois, na verdade, onde fica o "final feliz" para uma história sem fim?

Se eu tivesse escrito este relato logo após a interrupção de Alice, ele terminaria aqui. Mas, afinal, escrevi anos após o ocorrido. E aconteceu algo muito pessoal e íntimo, que descrevo abaixo, e me autorizo uma licença poética para contar o que chamei de...

Desenlace

Era uma manhã clara com o sol e a primavera recém-chegada através das flores que enfeitavam aquela rua do centro da cidade. Eu caminhava rumo a uma livraria. Pessoas e mais pessoas cruzavam o meu caminho, e eu o delas. Ouço meu nome. Paro, olho para trás e encontro Alice segurando uma menina pela mão. Diferente da Alice que conheci, bastante reservada, ela me abraça carinhosamente e me apresenta a menina, sua filha. Eu estava encantada por estar ali, vivendo aquela cena de final feliz – para mim – das muitas histórias vividas em nosso trabalho clínico. O tempo havia passado. A pequena filha tinha quatro anos e estava sendo levada para a aula de balé. Alice se inclina até a filha e diz olhando nos olhos da menina: "*Filha, foi ela quem ajudou a mamãe a ter você. É dela que sempre falo*". Não consigo expressar em palavras a emoção sentida naquele momento. Conversamos um pouco e depois nos despedimos. Alice e a filha se foram. Penso que, agora, para sempre...

Retomo o caminho em direção à livraria. O encontro tocou-me profundamente. Mas não penso como Alice. Não entendo que a ajudei a ter sua filha. Se eu pude ajudá-la foi em sua própria descoberta, dela saber que poderia ir e vir sem perder seus objetos amorosos, pois eles se manteriam vivos em seu mundo interno. Repensando mais tarde sobre esta experiência, pude perceber a leveza e tranquilidade dela em deixar as sessões no oitavo mês de gestação, sem receio de me abandonar e sem precisar retornar. Conforme pude constatar naquele último encontro, eu já tinha um lugar em seu mundo interno. Entendo que ela pôde se apropriar daquilo que é seu dentro do espaço potencial construído por nós duas. Uma representação de quem cuida e liberta ao mesmo tempo. E de quem segue e leva objetos bons.

Rozenberg (2018, p. 152) me ajuda a compreender o vivido com mais suavidade quando escreve: "O que parece uma banalidade na vida cotidiana ganha uma dimensão profunda e impressionante na transferência e contratransferência". Finalizo o relato com o poema que conclui "o questionamento antes do poema" da primeira página:

O poema

A grande mágica
de me descobrir.
Sutil,
arrebata e liberta.
Voar,
o infinito é meu.

Referências

ABRAM, J. *A linguagem de Winnicott*. Rio de Janeiro: Revinter, 2000.

ANDRADE, C. D. *Reunião: A rosa do povo*. Rio de Janeiro: José Olympio, 1971.

BACHELARD, G. *A Poética do Espaço*. São Paulo: Martins Fontes, 1988.

COMTE-SPONVILLE, A. *A Vida Humana*. São Paulo: Martins Fontes, 2007.

DIAS, E. O. *A Teoria do Amadurecimento de D. W. Winnicott*. Rio de Janeiro: Imago, 2003.

MELLO, F. J. *O Ser e o Viver*. São Paulo: Casa do Psicólogo, 2001.

MOTTA, I. F. da (org.). "Uma História Sem Fim". *Psicanálise no Século XXI: As conferências brasileiras de Robert Rodman*. São Paulo: Ideias & Letras, 2006.

ROZENBERG, M. "Desemparo e Transicionalidade". *In*: MELO, Rita Andréa Alcântara de; SANTOS, Walkiria Nunez Paulo dos (orgs.). *Des-amparo e a mente do analista*. São Paulo: Blucher, 2018.

SCHIAVINATTO, M. *Sobrevir: Poemas*. São Paulo: J. A. Tessarini, 1996.

_______. *A pequena ópera do sentido*. São Paulo: J. A. Tessarini, 2005.

WINNICOTT, D. W. *O Ambiente e os Processos de Maturação*. Porto Alegre: Artmed, 1983.

_______. *Natureza Humana*. Rio de Janeiro: Imago, 1990.

_______. *Os Bebês e suas Mães*. São Paulo: Martins Fontes, 2006.

ZIMERMAN, D. E. *Bion: Da Teoria à Prática*. Porto Alegre: Artes Médicas, 1995.

8. A esperança materna primária

Lígia Barboza Moreira Santos;
Ivonise Fernandes da Motta

Eu tenho a esperança que nada se perde,
tudo alguma coisa gera...
O que parece morto, aduba...
O que parece estático, espera.

(Adélia Prado)

Em um de meus atendimentos na UTI Neonatal, Ana Maria,[1] mãe de um bebê prematuro, Miguel, me perguntou como estava o quadro clínico de seu filho. Respondi que, infelizmente, como psicóloga, eu não tinha conhecimento e informações para lhe passar. Perguntei, então, o que ela pensava sobre como estava o bebê – nesse momento não perguntava sobre "quadro clínico" ou diagnóstico, pois minha intenção era que a mãe tivesse um olhar sobre aquele pequeno sujeito, não apenas o paciente daquela unidade. A mãe referiu que no boletim médico a doutora havia lhe informado que seu filho tinha um diagnóstico muito grave devido a uma infecção hospitalar, e por isso havia sido transferido para o isolamento da unidade. Contudo, ela pensava que Miguel não estava tão grave, pois continuava mamando, mantinha-se ativo e respirando sem auxílio de aparelhos. A mãe continuava bastante angustiada e confusa, me pediu que chamasse a enfermeira-chefe do setor, atendi seu pedido e acompanhei a conversa.

1 Todos os nomes citados são fictícios.

Ana Maria fez a mesma pergunta: "Como está meu bebê?". A enfermeira disse que as informações eram dadas no boletim médico, a mãe repetiu o que havia me dito sobre a gravidade do bebê, que contrastava com o que ela via. A enfermeira, então, disse que Miguel tinha uma infecção muito grave, a bactéria que o havia acometido poderia levá-lo à morte, porém, que, realmente, naquele momento ele estava com um bom quadro (mamando, ativo e respirando sem aparelhos). A mãe perguntou se a enfermeira já havia visto bebês com aquele diagnóstico receberem alta e ficarem bem. A enfermeira de forma acolhedora respondeu que já vira sim, muitos bebês saírem, apesar de terem tido aquela infecção, porém, que alguns não haviam saído e acrescentou que Miguel estava recebendo os antibióticos necessários para combater a infecção. A mãe agradeceu a enfermeira e manteve um semblante ainda ansioso, mas transparecendo esperança. Ela se despediu dizendo que ia à missa orar pelo seu filho.

Em seguida, uma médica que estava em uma sala administrativa ao lado do leito de isolamento, que não era vista, mas que podia ouvir toda a conversa que havia ocorrido, me chamou e disse que aquela mãe não deveria ter saído "daquele jeito", que Ana Maria havia saído sem entender que seu filho poderia morrer. Respondi que eu havia avaliado que a mãe compreendia a gravidade, mas que ela tinha esperança, que era alimentada também pelo quadro estável do paciente. A médica me respondeu que a mãe poderia voltar e se deparar com a piora do quadro clínico de Miguel, que ele poderia apresentar dificuldade para respirar e ser intubado, e que, além disso, aquela bactéria poderia deixá-lo com sequelas. Respondi que a mãe poderia ver aquilo com outro aspecto, de que ele ainda estava ali (vivo) e que já tinha evoluído desde o nascimento, pois as mães precisavam ter motivos para voltar à unidade. A médica argumentou que nem sempre as mães teriam algo bom para ouvir para que mantivessem a esperança, que com anos de trabalho lá, ela já havia se deparado muitas vezes com situações nas quais não havia mais nada de bom para dizer às mães. Respondi que nesse caso as mães poderiam ter esperança de "um descanso" para o filho sofrendo, ou "um lugar além do que conhecemos" para o qual o filho poderia ir para ficar bem. A médica respondeu que isso já seria além dos conhecimentos dela.

A vinheta acima corresponde a um caso atendido em uma UTI neonatal, que exemplifica e possibilita a reflexão sobre a maternidade nesse contexto tão particular. Além disso, por meio do relato podemos pensar sobre a esperança em algumas perspectivas, considerando também outros pequenos trechos de casos que ocorreram nesse cenário.

Os bebês que nascem antes do tempo ideal, assim como suas mães, têm diversos desafios a enfrentar. Inicialmente, as mães se deparam com a explícita fragilidade física daquele bebê, que dependendo do grau de prematuridade tende a ser bem pequeno. Na maioria das vezes, os pais nunca viram um recém-nascido com aquele tamanho e peso, já ouvi de algumas mães que essas esperavam ter um bebê "bem gordinho e com dobrinhas" e não "tão pequenininho". No caso da prematuridade, a distância entre o bebê imaginado, idealizado por seus pais durante a gestação, e o bebê real tende a ser maior, assim, a elaboração emocional pode demorar um tempo.

Quando comecei a atender em UTI neonatal, percebi que é um contexto muito particular e se faz necessário compreender, ainda que superficialmente, o que acontece com esses bebês para, assim, oferecer ajuda às mães. O nascimento prematuro significa uma interrupção no desenvolvimento intrauterino, fazendo com que o bebê tenha que amadurecer fora daquele ambiente adequado para sua maturação. Por isso, assim que nascem, os bebês são internados na UTI neonatal, para cuidados especializados que podem incluir vários procedimentos invasivos e equipamentos hospitalares que auxiliam o sistema respiratório e monitoram os sinais vitais, porém, eles ficam expostos a infecções hospitalares. Ademais, esses recém-nascidos ficam em incubadoras para protegê-los, que embora sejam transparentes e com portinholas que permitam o toque, fazem com que a mãe perceba a nova morada do filho como repleta de muros que os separam, uma vez que antes o contato era íntimo, o bebê estava em seu ventre e agora está "distante".

Uma mãe verbalizou que sentiu que a bebê era sua filha apenas depois que pode colocá-la em seu colo, antes disso era "como se fosse uma irmã, não sua mãe". Outra me disse que era como se seu bebê fosse, na verdade, filho das técnicas de enfermagem, pois essas que o tocavam mais, passavam o leitinho pela sonda e trocavam as pequenas fraldas.

Assim, além da infecção hospitalar do filho, Ana Maria e Miguel já haviam passado por uma separação brusca, característica dos nascimentos prematuros, e longa, uma vez que o bebê teve que ser mantido em incubadora por algum tempo, onde era monitorado e sofria intervenções médicas. Para as mães, essa rotina e a separação do filho são especialmente impactantes, uma vez que, segundo Winnicott (1956-2000), no final da gestação e início da vida do bebê, a mãe teria o que seria chamado de preocupação materna primária, que é marcada por um estado de sensibilidade aumentada da mãe com relação a seu filho, na qual ela fica especialmente atenta às necessidades dele.

Nesse estágio, as mães se sentem fisicamente feridas quando alguém está manipulando o bebê. Winnicott (1987-2012, p. 54) chega a citar o exemplo do médico testar um reflexo e a mãe perceber como "maltratando o bebê diante de seus olhos". No caso de prematuros, seria esperado que, somado aos sentimentos diante dos procedimentos aos quais os filhos são submetidos, as mães se identificassem com a fragilidade deles, e ficassem em um estado de maior vulnerabilidade.

Por meio da preocupação materna primária, a mãe vai de encontro ao bebê, que precisa dela para sobreviver. Isso é crucial para o desenvolvimento do filho, pois é a partir dessa relação, iniciada na concepção, que é constituído o psiquismo do bebê, seu mundo interno, seu interior e seu *self* (SILVA, 2016). Assim, ainda que o ambiente hospitalar e a própria condição de saúde do bebê promovam "invasões" que fragilizam a relação dual primordial, esta precisa ser mantida para que o bebê se desenvolva, pois, como afirma Winnicott sobre a díade mãe-bebê, "o bebê não existe sozinho".

Nesse sentido, podemos perceber no excerto que Ana Maria demonstrava estar atenta ao filho e às suas necessidades, pois percebeu outros aspectos de seu quadro, além do diagnóstico médico que explicitava a gravidade da infecção que ele enfrentava. Nesses casos de internação prolongada, é essencial que a mãe perceba para além dos sinais vitais expressos no monitor acoplado à incubadora, para que após a alta ela confie em sua percepção do filho e sinta-se segura para realizar os cuidados de que ele precisa, sem que ele tenha a frequência cardíaca e respiratória monitoradas. Winnicott (1987-2012) afirmou diversas vezes que os profissionais deveriam intervir pouco na relação dos pais com seus filhos e não deveriam assumir uma postura de quem ensina como eles devem agir, pois é importante que os pais acreditem que são capazes de cuidar de seus filhos.

É comum que após o nascimento prematuro dos filhos, as mães experimentem sentimento de culpa pelo nascimento pré-termo, separação precoce e o risco de morte do recém-nascido (ESTEVES, 2017). Em meus atendimentos já ouvi diversas vezes as mães se indagarem sobre o que fizeram para que seu filho nascesse antes do tempo, algumas sentem-se tão culpadas que têm dificuldade em tocar as pequenas mãozinhas com medo de feri-las ou infectá-las – mesmo que a equipe já tenha orientado que após a higienização o toque é importante para o bebê. A pergunta frequente é "você já viu bebês assim tão pequenos saírem daqui bem?".

Soifer (1980) salienta que a gestação é um período marcado pela ambivalência, mesmo as mães que desejaram muito a gestação podem experenciar sentimento de perda e luto, uma vez que uma fase se encerra para que outra seja iniciada. Assim, é possível que inconscientemente a mãe acredite que os sentimentos negativos relacionados à gestação ou ao filho tenham causado o nascimento prematuro, ou seja, o tenham prejudicado. Klein (1932) acrescenta que a possibilidade de reparação do objeto danificado possibilita a relação mais integrada. No caso de Ana

Maria, acreditar na recuperação do filho poderia ser reflexo da integração do ego, de ter a possibilidade de reparação do objeto, esperança de ser capaz de cuidar, o que exige uma confiança de que se possa produzir algo bom, mesmo naquele contexto de vulnerabilidade.

Quando Ana Maria pergunta à enfermeira e a mim sobre o caso clínico do filho, era como se buscasse no ambiente sustentação para maternar, para continuar acreditando na saúde do filho. Winnicott salienta que a mãe deve ser protegida nessa condição de vulnerabilidade: para que seja suficientemente boa, necessita de um ambiente que lhe seja suficientemente bom. Dada a internação de prematuros, na qual apenas os genitores podem ter acesso à unidade, e o pai muitas vezes tem que retornar ao trabalho, a mãe passa a maior parte do tempo com a equipe do hospital. Assim, é importante tanto para a saúde mental da mãe quanto do bebê que a equipe mantenha uma postura acolhedora.

A esperança de Ana Maria não aparece como uma defesa de negação, uma vez que ela integra os aspectos da realidade, compreende que a infecção é grave e mantém-se preocupada com a evolução do quadro. "Parece que esperança não tem olhos, mamãe, é guiada pelas antenas." Como na crônica de Clarice Lispector (1999, p. 192), a esperança da mãe era apurada, porém tinha uma fonte de percepção diferente – dada a preocupação materna primária.

Ana Maria finaliza o diálogo afirmando que iria à missa, orar pelo filho. Para Winnicott (1975), a religião é uma zona intermediária de experiência que proporciona o alívio entre a tensão da realidade interna e da externa. Essa área transacional de experiência, que poderia ser também a arte, seria necessária para a saúde psíquica, funcionaria como um descanso. No caso, a mãe procurou o aspecto religioso para refúgio, talvez necessário para que ela mantivesse a esperança no desenvolvimento e vida do filho.

Ademais, para Winnicott (1983), a ideia de Deus, ou de um pai pessoal, seria natural para aquele que foi cuidado de modo confiável.

O autor defende que essa crença não seria reflexo de uma educação religiosa, que teria importância secundária, mas seria fruto de cuidados suficientemente bons recebidos pelo sujeito no início da vida e armazenados em suas lembranças. Assim, Ana Maria podia acreditar em Deus para ajudá-la nesse momento de fragilidade, por ter recebido cuidados no período em que era pequena e vulnerável.

Quando a médica afirma que a mãe de Miguel deveria saber que o paciente poderia morrer ou ter sequelas, poderíamos contrastar com a visão de que, segundo Winnicott (1945-2000), o mundo deve ser apresentado em pequenas doses. Da mesma forma, observo que, em muitos casos, a equipe médica, preocupada com que os pais tenham compreensão de todo possível prognóstico, acaba por invadi-los com informações sobre prematuridade, das quais eles ainda estão se aproximando. Nesse sentido, as mães dos bebês prematuros, que estão nesse contexto de fragilidade, deveriam ser apresentadas a suas especificidades e riscos de forma gradual.

Outra mãe, Rose, diante da extrema prematuridade de seu filho, foi se aproximando aos poucos da UTI neonatal, era como se inconscientemente pudesse digerir pequenas doses daquela condição do filho. No início, ela dizia que não suportava ficar muito tempo naquele ambiente, vendo seu bebê tão pequeno, que ainda tinha muita dificuldade para respirar. Naquele momento, a realidade lhe era muito dura de ser enfrentada. Aos poucos, conforme o menino foi crescendo, amadurecendo, e ela podia progressivamente ter mais contato com ele, Rose foi permanecendo na unidade, ainda que algumas vezes se ausentasse dizendo que ia arrumar o quartinho dele em sua casa. Nesse sentido, me parecia que, para Rose, decorar "o quartinho em sua casa" era uma forma de elaborar a chegada do filho, que era diferente do que ela havia idealizado, pequeno e frágil, e acreditar que ele ia permanecer em sua vida.

Maria A. Alves Francisco e Raíssa Guastalla (2016), duas profissionais de UTI neonatal, descrevem de forma criativa e delicada em seu livro *O diário do bebê prematuro* o que ocorre na internação. O livro, além de apresentar pequenas doses do universo da prematuridade, o faz em uma área transacional de experiência, a poesia.

> Olá, mamãezinha querida!!!
> Não precisa chorar...
> Sei que para você parece estranho,
> Mas nesse momento, aqui é o melhor lugar para eu ficar...
> [...] Vou te explicar...
> Esse tubo mais grossinho na minha boquinha
> É para ajudar o oxigênio ao meu pulmão chegar.
> Essa mangueirinha fininha abaixo dele
> É uma sondinha, que vai ao meu estômago o leitinho levar.
> Ainda não sei engolir,
> Então é por aí que vou me alimentar.
> [...] Agora vai para casa descansar.
> Durma bem e, amanhã, volte para me visitar
> (FRANCISCO; GUASTALLA, 2016, p. 23).

Já a postura da médica diante da esperança de Ana Maria parece uma posição menos integrada, que apenas focaliza os aspectos negativos daquele quadro. Isso poderia ser uma defesa contra o sofrimento de acreditar, confiar no objeto bom, uma vez que ela afirma já ter se deparado com a situação de não ter algo que sustentasse a esperança para dizer às mães.

É interessante observar que o próprio investimento médico de equipamentos e procedimentos feitos em bebês cada vez mais pequenos denota uma esperança de que aquele paciente possa sobreviver. Contudo, essas ações em prol da vida muitas vezes são contrastadas com o que é informado aos pais, focalizando os aspectos negativos e desafios maturacionais a serem enfrentados durante a internação de um prematuro.

O diálogo com a enfermeira, do exemplo de Ana Maria e Miguel, contém uma visão integrada da situação. Pois, ainda que não pudesse oferecer novas informações sobre a evolução da infecção, ela considerou tanto o lado negativo de um diagnóstico grave quanto o positivo sobre o quadro clínico estável do bebê. Tal discurso pareceu dar sustentação à esperança da mãe.

Winnicott chega a associar a fase de preocupação materna primária a uma loucura, se comparada a qualquer outra fase da vida. Nesse período de identificação e investimento afetivo, seria importante que a mãe acreditasse que o filho pode se desenvolver, assim como em sua tendência ao amadurecimento. Loparic (1996), sob os pressupostos de Winnicott, afirma que o bebê quer "a presença segura da mãe que lhe inspire a fé em si mesmo e no mundo".

Assim, dada a importância da relação da mãe para o desenvolvimento psíquico do filho, é imprescindível que essa própria esteja emocionalmente sadia, o que inclui acreditar em algo positivo e em sua capacidade de cuidar de seu filho, ainda que durante a internação seja com a presença ativa e pequenos toques. Para que a mãe consiga se manter nessa posição, é crucial um ambiente que lhe ofereça sustentação, o que incluiria a equipe do setor com gestos sensíveis como o de oferecer informações à medida que a mãe consegue digeri-las. No caso de Ana Maria, dada a grande tensão entre realidade interna e externa, a busca por áreas transacionais de experiência pode se fazer necessária, como a poesia do livro sobre prematuridade ou a permissão para a visita religiosa (prática recorrente no hospital).

A esperança na UTI neonatal também pode aparecer de forma diluída, em pequenas doses: que o bebê consiga respirar sem auxílio de aparelhos, se alimentar sem a sonda, que a mãe possa segurar o bebê no colo, e, por fim, o dia de levá-lo para casa. Passo a passo, mãe e bebê caminhando para a aquisição de funções básicas para o viver, superando a infecção e os obstáculos. No caso citado no início, a infecção não progrediu e foi curada, Ana Maria pode ir com o filho para casa, ainda demonstrando certa insegurança em realizar os cuidados, porém grata à equipe e transbordando alegria.

Referências

ESTEVES, C. M. *Contribuições da clínica winnicottiana para o contexto da prematuridade*. Porto Alegre: Faculdade de Psicologia, Universidade Federal do Rio Grande do Sul, 2017.

GOMES, A. L. H. "A relação mãe-bebê na situação de prematuridade extrema: Possibilidades de intervenção da equipe multiprofissional". *Psicol. Hosp.*, 2 (2), dez. 2004 (São Paulo). Disponível em: http://pepsic.bvsalud.org/scielo.php?script=sci_arttext&pid=S1677-74092004000200004&lng=pt&nrm=iso. Acesso em: 28 dez. 2020.

KLEIN, M. "A Psicanálise de Crianças". *Obras Completas de Melanie Klein*. Rio de Janeiro: Imago, 1997.

LISPECTOR, C. *A descoberta do mundo: Crônicas*. Rio de Janeiro: Rocco, 1999.

LOPARIC, Z. "Winnicott: Uma psicanálise não-edipiana". *Percurso*, 9 (17): 41-47, 1996.

SILVA, S. G. "Do feto ao bebê: Winnicott e as primeiras relações materno-infantis". *Psicologia Clínica*, 28 (2): 29-54, 2016.

SOIFER, R. *Psicologia da gravidez, parto e puerpério*. Porto Alegre: Artes Médicas, 1984.

WINNICOTT, D. W. "Moral e educação" (1963). *O ambiente e os processos de maturação*. Porto Alegre: Artmed, 1983.

______. "O ambiente saudável na infância" (1987). *Os bebês e suas mães*. São Paulo: Martins Fontes, 2012, p. 51-60.

______. "Preocupação materna primária" (1956). *Da pediatria à psicanálise*. Rio de Janeiro: Imago, 2000, p. 399-405.

______. "Psicoses e cuidados maternos" (1952). *Da pediatria à psicanálise: Obras escolhidas*. Rio de Janeiro: Imago, 2000, p. 305-315.

9. Esperança e entrega de um filho

Rita Tropa Marques; Yara Ishara;
Ivonise Fernandes da Motta

O meu avô sempre dizia que o melhor da vida haveria de ser ainda um mistério e que o importante era seguir procurando. Estar vivo é procurar, explicava.

(Valter Hugo Mãe, 2019)

No presente capítulo, iremos debruçar-nos sobre o conceito de esperança, bem como sobre sua ligação com a temática da entrega de um filho para adoção, embasada em pesquisa desenvolvida com profissionais de enfermagem envolvidos com o tema em estudo (MARQUES, 2019).

A esperança

A esperança é um conceito que pode ser discutido e analisado sob diferentes pontos de vista e enquadramentos teóricos. Apresenta-se na atualidade e na prática clínica como algo bastante importante e relevante, visto observar-se um crescente interesse relativo ao tema (MOTTA, 2016), bem como a sua inclusão em pesquisas e trabalhos desenvolvidos nas várias áreas de conhecimento e âmbitos acadêmicos (MOTTA, 2018; ROCHA, 2007; VILETE, 2005).

Comecemos por observar a definição de esperança. No dicionário *on-line* de português,[1] dentre os vários significados do conceito, a esperança é

1 ESPERANÇA. *In*: DICIO, Dicionário *on-line* de português. Disponível em: https://www.dicio.com.br/esperanca/. Acesso em: 05 fev. 2020.

apresentada como a confiança de que algo bom acontecerá; crença de que um desejo se torne realidade.

Segundo Rocha (2007), provavelmente tenha sido a tradição bíblico-cristã a que mais enalteceu e deu um lugar de destaque à virtude da esperança. O conceito aparece no culto dos mistérios e culto dos mortos. Evidencia-se também como a força que sustenta a caminhada do povo de Deus através dos tempos. Durante o tempo de peregrinação terrestre, a esperança é entendida neste âmbito, como o que faz a ligação entre a certeza do objeto fé e a posse futura da felicidade, que consiste na visão do próprio Deus (ROCHA, 2007) descrita nas histórias e cenas bíblicas relacionadas, por exemplo, a Moisés ou Abraão.

Numa reflexão filosófica acerca do conceito, mais especificamente sobre o pensador Heráclito de Éfeso (ROCHA, 2007), a esperança é, tal como no enquadramento da religião cristã, vista também como um horizonte que se descortina, um apelo que nos convida a caminhar e a ir sempre adiante pelos caminhos da vida. Esperança não é esperar, é caminhar.

Nessa linha de pensamento, a esperança apresenta-se como um elemento constitutivo do existir humano no tempo, facilitando uma abertura para o futuro do poder ser quem nós somos, sendo a esperança um dos aspectos que alimentam a nossa capacidade de sonhar e de caminhar. Assim, esperar é caminhar e caminhar é a própria vida (ROCHA, 2007).

Concordamos com Rocha (2007) que a esperança não deve ser considerada somente como o desejo de uma "realidade objetiva" que se representa no presente e que se imagina como recompensa, algo concreto a ser alcançado no final de uma "caminhada", num determinado momento futuro. Tomando por base Heráclito de Éfeso, pensamos a esperança como algo semelhante a uma disposição interior, força psíquica que, de alguma forma, sustenta o desejo de caminhar e que se encontra sempre em movimento e em atualização face a novos objetivos. Nessa linha de pensamento, nos alinhamos com Rocha (2007) compreendendo que esperança é dar um passo adiante, a partir do qual tudo se recomeça.

Discorremos agora sobre um outro aspecto que consideramos importante ressalvar, relacionado ao fato de que os momentos de desamparo e desânimo podem fazer surgir a força da esperança (ROCHA, 2007).

Destacamos, neste âmbito, o pediatra e psicanalista inglês Winnicott, que, tal como referido por Vilete (2005), pode ser considerado um autor esperançoso na medida em que, ainda que tenha construído uma teoria da doença mental decorrente de uma perturbação ou interrupção do desenvolvimento, defendeu também a concepção de uma dinâmica no sentido da cura. Para esse autor, os sintomas apresentam-se como uma busca de novas e melhores condições, de forma que o bloqueio no desenvolvimento possa ser ultrapassado. No seu entender, o crescimento ocorrerá num impulso à integração do indivíduo.

Fazendo um paralelismo com o conceito de esperança, na forma como vimos discutindo no presente capítulo, assim como Winnicott fala deste impulso para a cura e para a integração, também a esperança poderá ser entendida como algo que nos leva adiante e nos faz caminhar, apresentando um papel de bastante relevância e importância no nosso caminho face a adversidades, angústias e ansiedades.

De fato, pensando na teoria psicanalítica, só poderemos falar em esperança quando nos deparamos com idealizações que não sejam embasadas na crença ilusória de uma plenitude narcísica, pois onde existe plenitude não há lugar para falta, nem para o desejo, e somente o desejo junto com a falta facilitam o aparecimento da esperança (ROCHA, 2007).

Nesse sentido, concordamos, na linha do abordado por autores como Winnicott, que se possa ver a esperança como um princípio organizador da vida psíquica, indispensável para o seu bom funcionamento. Entendemos a esperança como um princípio, com relevância e importância no funcionamento da vida psíquica e na estruturação da subjetividade humana, mais do que como uma paixão, afeto, vivência ou como um estado consciente de otimismo (ROCHA, 2007).

Tal como referido anteriormente, poderemos ver a esperança enquanto abertura para o futuro e atualização das possibilidades do nosso poder-ser, sendo constituinte da existência do nosso ser-no-mundo, bem como ser olhada como um princípio constituinte do psiquismo (ROCHA, 2007). Em ambas as abordagens, destacamos a importância e a relevância da esperança na vida do ser humano. A esperança parece sustentar, assim, a nossa capacidade para sonhar, ajudando a criar os nossos projetos de futuro (ROCHA, 2007).

Considerações sobre a esperança na temática da entrega de um filho para adoção

Partindo do conceito de esperança supracitado e tendo por base uma temática específica que vimos estudando – a entrega de um filho para adoção, vista a partir da perspectiva dos profissionais de enfermagem (MARQUES, 2017) – objetivamos, neste segundo momento, tecer algumas considerações sobre como a esperança poderia ou não estar relacionada ao gesto de entrega de um filho, na perspectiva destes profissionais.

A fim de melhor embasar essa discussão, discorreremos inicialmente, de forma breve, sobre a ideia de mito do amor materno, bem como as tentativas que vem sendo feitas de diferenciação na literatura entre os conceitos de abandono e entrega de um filho.

O mito do amor materno

Algumas revisões históricas sobre a família apontam como a concepção do vínculo mãe-filho, tradicionalmente descrita como algo "instintivo", foi uma ideia que se construiu ao longo dos séculos. Autores como Ariés (1981), Badinter (1985) e Chodorow (1990) entendem que a exaltação do amor materno é algo relativamente recente na história da civilização ocidental, datada no decorrer dos últimos séculos (séc. XVIII, XIX e XX), período em que os cuidados maternos ganharam maior significado, tendo em conta as mudanças referentes aos cuidados com a criança e a organização da família (ARIÉS, 1981). O conceito de amor materno teria ganhado relevância, deste modo, passando a família a organizar-se em função e em torno da criança, principalmente no que diz respeito à figura materna. O cuidar de crianças e a maternidade foram sendo relacionados entre si e associados a uma condição feminina, ligada à mulher (BADINTER, 1985).

Dessa forma, a maternidade passou a ser caraterizada por um conjunto universal de comportamentos e sentimentos – ternura envolvente e ilimitada, longo período de amamentação, supervisão constante, educação das crianças, movimentação física restrita ao espaço doméstico e ausência de desejo sexual. A ampliação das responsabilidades maternas promoveu também uma crescente valorização da mulher-mãe como "rainha do lar", dotada de poder e respeitabilidade (VALENTIM; CORTEZ, 2014).

Ainda que alguns autores (BADINTER, 1985; CHODOROW, 1990; GHOSH, 2016) tenham entendido que este determinismo da mulher para a maternidade é um conceito construído e não inato, observa-se frequentemente, nos dias de hoje, uma forte ideia de que o amor de uma mãe pelo filho é algo naturalmente forte e de que este se encontra relacionado a um imperativo biológico. Deste modo, facilmente se supõe que toda mulher deseja, instintivamente, ser mãe e que tenha de cuidar de uma criança. Badinter (1985), ao refletir sobre este imperativo biológico e determinismo social, nomeou de "mito do amor materno" o fenômeno ao qual é atribuído à mulher um instinto materno, que pressupõe, por natureza, um amor incondicional da mulher aos seus filhos.

Abandono e entrega de um filho

A maternidade tem sido, dessa forma, uma temática fortemente idealizada, observando-se, na atualidade, um aumento do interesse e um debate profundo sobre o tema, situação inerente à complexidade que se acentua, tendo em conta a diversidade do que representa o conceito de maternidade nos dias de hoje.

Nesse âmbito, relembramos Bonnet (1993), uma das autoras que discorre acerca da necessidade de distinguir entre abandono e entrega de um filho para adoção. Para esta, o abandono representa as situações em que as mulheres "se querem ver livres dos seus filhos", deixando-os, sem proteção, em lugares públicos e outros semelhantes, expondo as crianças a uma situação de risco/perigo. Pelo contrário, a decisão de entregar um filho para adoção representa, para a autora em questão, a decisão de proteger os filhos de uma eventual situação de negligência e/ou violência.

Nessa linha de pensamento, ressaltamos a tendência em se encarar toda a separação entre mãe e filho entregue em adoção como abandono (FONSECA, 2012). A confusão entre abandono e entrega gera a tendência que estas mulheres sejam estigmatizadas e culpabilizadas socialmente pelos seus atos, dificultando que as mesmas tomem uma atitude mais refletida e amadurecida face à decisão de cuidar ou não de seus filhos. Acontece ainda que essas mulheres, receando serem julgadas e punidas, não se dirijam ao judiciário a fim de entregar legalmente o filho, realizando, algumas vezes, entregas clandestinas a terceiros (MOTTA, 2014).

Como forma de evitar o julgamento negativo sobre o ato dessas mulheres, tem-se afirmado a importância da substituição do termo abandono (associado, usualmente, a enjeitar, não aceitar, recusar, desprezar, repudiar, repelir) pelo conceito de entrega (LEÃO; SILVA; SERRANO, 2012: MOTTA, 2014). Consideramos importante o reconhecimento de que, efetivamente, há mulheres que não se disponibilizam para a maternidade e que a manutenção de um vínculo com a criança poderá ser prejudicial para ambas (BADINTER, 1985; DINIZ, 1993).

Vale notar que a possibilidade de escolha em não assumir a maternidade parece acarretar, em geral, uma boa dose de culpa acrescida do enfrentamento de pressões sociais e a estigmatização por não ter "cumprido o seu papel de mãe". Nesse sentido, Santos (2001) ressalta a ideia de que as mulheres que entregam um filho para adoção se sentem julgadas pelo seu ato, necessitando, muitas vezes, justificar a sua decisão, recorrendo, frequentemente, à falta de recursos, apoio familiar ou escassez econômica, na medida em que estes são aspectos facilmente aceitos e justificáveis para o desejo de entregar um filho.

Alguns apontamentos empíricos sobre o tema

De forma a melhor ilustrar o que vimos discutindo, apresentamos alguns dados obtidos em pesquisa qualitativa relacionada com o tema em análise (MARQUES, 2019). No âmbito deste trabalho foram realizadas 67 entrevistas semidirigidas a profissionais de enfermagem (enfermeiros e técnicos de enfermagem) que exerciam atividade profissional em algumas maternidades públicas, situadas na região metropolitana de São Paulo. Os dados obtidos foram analisados segundo o método clínico-qualitativo, tendo sido utilizado o método interpretativo da análise temática (BRAUN; CLARKE, 2006), recorrendo-se ainda a algumas estratégias de codificação inspiradas pela Grounded Theory (CHARMAZ, 2006; GLASER; STRAUSS, 1967).

Na amostra total dos 67 participantes, 37 profissionais de enfermagem (55%) associam de alguma forma o gesto de entrega de um filho para adoção à esperança, tendo em conta o nosso entendimento do conceito, acerca do qual discorremos na parte inicial deste capítulo. Esta surge em ideias como "uma oportunidade para a criança", gesto de "proteção" por parte da mãe, "cuidado", "gesto de amor".

Na mesma linha de pensamento, observamos a distinção entre entrega e abandono, considerando que as mulheres que entregam os filhos são, muitas vezes, julgadas de forma errada, tendo em vista que não atuam de acordo com o socialmente esperado/aceito, ainda que, no entender dessa participante, a possibilidade dada à criança espelhe uma atitude pensada e amadurecida, que possibilita à criança uma vida melhor: "eu acredito que a doação para a adoção, em si, é um ato de amor. Não vejo como um ato só de a mãe quis dar, não olho só com esse olhar, acho que o lado da mulher ainda não é bem visto. É sempre tido como a mãe que entrega um filho para adoção ela está abandonando o filho, abandonando o filho à própria sorte e, muitas vezes, a gente vê que não é isso. Às vezes, ela ama aquela criança e, na cabeça dela, naquele momento, mesmo com todas as dificuldades, ela entende que aquilo é o melhor, naquele momento. Ela acha que aquilo é o melhor".

Especificamos ainda, como alguns desses profissionais de enfermagem verbalizaram também considerar que essa "oportunidade para a criança" se apresenta como uma prevenção ao abandono e aos maus tratos, tendo em conta a indisponibilidade e a falta de condições afetivas e emocionais que essas mulheres, no seu entender, demonstram para assumir os cuidados de uma criança: "Eu vejo assim, para você ficar com uma criança e não dar o amor devido àquela criança, ela acaba não sentindo o carinho de mãe. [...] Eu acho legal a pessoa pegar e doar. Doar e não abandonar na rua. Isso não acho legal, abandonar na rua. Eu acho que hoje tem meios para ela entregar a criança. [...] Mas se for um caso que for para abandonar, maltratar a criança, eu acho melhor ela estar doando aquela criança, para uma pessoa que vai amar ela, ou dar o carinho que ela merece".

Considerações finais

No presente capítulo, objetivamos fazer uma discussão acerca do que entendemos por esperança e a sua ligação com o tema da entrega de um filho para adoção. Não pretendemos dar explicações causais ou defender o ato de entrega de um filho, por si só. Procuramos, sim, apresentar a que nos referimos quando identificamos o conceito de esperança, discorrendo sobre alguns aspectos relativos à entrega, como a necessidade de distinguir entre abandono e entrega de um filho. Apresentamos alguns dados empíricos e falas de profissionais de enfermagem que trabalham com mulheres que manifestam o desejo de entregar um filho para adoção, denotando que uma parcela significativa associa esse gesto como um ato de esperança. Esperança no sentido de procura e de se projetar num futuro em que haja espaço e lugar para um caminhar, num caminho onde se possa recomeçar.

Neste texto, discorremos sobre a esperança e alguns aspectos relativos à maternidade. Entendemos ser um dever atender à pluralidade do universo das mulheres que manifestam o desejo de entregar um filho, bem como reconhecer a necessidade de se dar prevalência à subjetividade destas na sua decisão de entrega (SANTOS, 2001). Ressalvamos, tal como apresentado por Winnicott (1963/1989), que saúde não corresponde a uma ausência de sintomas, mas um caminho que se percorre e cuja direção é o desenvolvimento. Ainda assim, para que este caminho seja alcançado, podem ocorrer dificuldades, obstáculos e crises que precisam ser integradas.

A vida de um indivíduo saudável é, portanto, caracterizada por medos, sentimentos conflitantes, dúvidas, frustrações, assim como por aspectos positivos. O principal é que o homem e a mulher sintam que ele ou ela estão vivendo sua própria vida, assumindo responsabilidade pela ação ou inatividade, bem como apresentando capacidade de ter confiança para o sucesso e culpa pelo fracasso (WINNICOTT, 1963/1989, p. 27).

Que possamos, assim, escutar, ajudar e apoiar as mulheres que manifestam o desejo de entregar um filho na sua tomada de decisão, seja ela no sentido de se tornarem mãe do filho que geraram ou da sua entrega para adoção.

Referências

ARIÉS, P. *História social da criança e da família*. Rio de Janeiro: Zahar, 1981.

BADINTER, E. *Um amor conquistado: O mito do amor materno*. Rio de Janeiro: Nova Fronteira, 1985.

BONNET, C. "Adoption at Birth: Prevention against Abandonment or Infanticide". *Child Abuse and Neglect*, 17: 501-513, 1993.

CHARMAZ, K. *Constructing Grounded Theory: A Practical Guide Throught Qualitative Analysis*. Londres: Sage, 2006.

CHODOROW, N. *Psicanálise da maternidade: Uma crítica de Freud a partir da mulher*. Rio de Janeiro: Rosa dos Tempos, 1990.

DINIZ, J. *Este meu filho que eu nunca tive: A adopção e os seus problemas*. Porto: Afrontamento, 1993.

FONSECA, C. "Mães abandonantes: Fragmentos de uma história silenciada". *Estudos Feministas*, 20 (1): 13-32, 2012.

GHOSH, B. "The Institution of Motherhood: A critical Understanding". *In*: MANNA, Samita; PATRA, Soumyajit. (orgs.). *The Instituition of Motherhood: Demystification and Denouement*. Calcutá: Levant Books, 2016, p. 17-29.

GLASER, B. G.; STRAUSS, L. *The discovery of grounded theory: Strategies for qualitative research*. Chicago: Aldine, 1967.

LEÃO, L. C. S.; SILVA, C. G. C.; SERRANO, S. A. "A entrega de um filho em adoção e as vicissitudes de ser mãe". *Psicologia para América Latina*, 23: 28-46, 2012.

MARQUES, R. T. A. S. *A entrega de um filho para adoção: Estudo clínico-qualitativo com profissionais de enfermagem envolvidos com mulheres que entregam os filhos para adoção*. São Paulo: Instituto de Psicologia, Universidade de São Paulo, 2019, 254 p. (Tese de Doutorado).

MOTTA, I. F. *A capacidade para a esperança*. São Paulo: Instituto de Psicologia, Universidade de São Paulo, 2018, 116 p. (Tese de Livre-Docência).

______. "Psicoterapia Psicanalítica na actualidade: Comunicação, confiança e esperança". *In*: SIMON, R.; YAMAMOTO, K.; LEVINZON, G. (orgs.). *Novos Avanços da Psicoterapia Psicanalítica*. São Paulo: Zagodoni, 2016, p. 32-42.

MOTTA, M. A. P. “Das mães que entregam seus filhos em adoção. Histórias de amor ou de horror”. *In*: LADVOCAT, C.; DIUANA, S. (orgs.). *Guia da Adoção: No jurídico, no social, no psicológico e na família*. São Paulo: Roca, 2014, p. 108-208.

ROCHA, Z. “Esperança não é esperar, é caminhar: Reflexões filosóficas sobre a esperança e suas ressonâncias na teoria psicanalítica”. *Revista Latinoamericana de Psicopatologia Fundamental*, 1 (2): 255-273, 2007.

SANTOS, L. “Mulheres que entregam seus filhos para adoção: Os vários lados dessa história”. *In*: FREIRE, F. (org.). *Abandono e adoção: Contribuições para uma cultura da adoção*. Curitiba: Terra dos Homens, 2001.

VALENTIM, G. V.; CORTEZ, A. F. L. “Mães que entregam os filhos para adoção: Uma reflexão sobre o mito do amor materno”. *Perspectivas Feministas de Gênero: Desafios no campo da militância e das práticas*. Recife: Universidade Federal Rural de Pernambuco, 2014, p. 791-807.

VILETE, E. P. “Esperança e tendência antissocial na clínica”. *Natureza Humana*, 7 (2): 457-465, 2005.

10. Pensando no desenvolvimento moral de crianças e adolescentes: Há esperança?

Fernanda Borques da Silva; Paulo Yoo Chul Choi;
Ivonise Fernandes da Motta

Introdução

Desde o nascimento até a morte, os seres humanos se comportam como cientistas sociais, interessados em investigar o porquê das coisas serem do jeito que são, como agir para conseguir conviver em grupo e quais regras legitimar ou desprezar. As pessoas, a partir da interação com o meio, criam hipóteses e teorias sobre o mundo para atribuírem significados às funções da sociedade. Cada um de nós, ao longo de nossas vidas, ao nos relacionarmos constantemente com o eu, com o outro e com a cultura em que estamos inseridos, acabamos desenvolvendo interpretações pessoais com diferentes tipos de preocupações acerca do mundo social (*e.g.*, é necessário levantar a mão antes de fazer alguma pergunta em classe para não ir à diretoria, é fundamental comer as refeições com os talheres adequados para não ser chamado de nojento, é preciso cumprimentar as pessoas com um beijo na bochecha ou com um aperto de mão).

Instigados a estudar o conhecimento social fundamentado nessas hipóteses, os pesquisadores da Teoria do Domínio Social (TDS) perceberam, através de suas pesquisas, que há uma diferença nas concepções dos indivíduos sobre o modo como que se julga o certo e o errado (MULVEY;

HITTI; SMETANA; KILLEN, 2016; NUCCI; TURIEL; RODED, 2017). Perceberam que diferentes tipos de preocupações sondavam as justificativas dadas pelas pessoas sobre o motivo das respostas estarem ou não corretas (*e.g.*, é certo ou errado fumar? O adolescente A responde: "errado porque isso pode estragar o pulmão do outro, pode machucar indiretamente". Já o adolescente B responde: "errado porque isso é muito feio! Nossa, o que as pessoas vão pensar de você, se você fizer uma coisa dessas? Se minha mãe me visse fumando, ia me dar um murro!". E o adolescente C aponta que "fumar não é nem certo e nem errado, cada pessoa precisa decidir o que quer fazer").

As principais preocupações elencadas pelas pesquisas da TDS foram (SMETANA, 2013; TURIEL; NUCCI, 2018): 1: moral, preocupação direta com o outro, a justiça, os direitos humanos e o bem-estar social; 2: convencional, preocupação direta com a organização sociológica, a expectativa social e a norma pautada na tradição e na religião; e 3: psicológica, preocupação direta com o eu, as escolhas individuais, a preferência e a saúde física e mental (*e.g.*, retomando a situação anterior do fumar, notou-se que o adolescente A apresentou uma justificativa de preocupação moral, uma vez que o seu argumento estava focado no possível dano que poderia ser causado no outro. Já o adolescente B respondeu a situação por meio de uma preocupação convencional, pois sua resposta estava pautada na expectativa social e "no que os outros vão pensar". Por fim, o adolescente C demonstrou por meio de sua fala uma preocupação psicológica, já que menciona a necessidade de escolhas pessoais sobre a ação de fumar).

A relevância de distinguir os julgamentos por tipos de preocupação está baseada na correlação existente entre ação social, juízo e conteúdo cultural. Os estudos demonstraram que a forma como as pessoas se preocupam com as situações está associada com o modo como elas se comportam (TURIEL, 1983). Por exemplo, foi perguntado a duas crianças "é certo ou errado roubar o brinquedo do amigo?". Enquanto a criança A respondeu "errado porque isso vai deixá-lo triste, é injusto" (preocupação moral), a criança B respondeu "errado porque isso é muito feio, as pessoas vão te chamar de ladrão vagabundo" (preocupação convencional). A probabilidade da criança A de roubar o brinquedo é muito baixa em comparação com a B, pois a sua preocupação está diretamente ligada com o sofrimento do outro. O sujeito B, por mais que tenha falado que acha a situação errada, pode roubar o brinquedo do amigo quando ninguém estiver olhando, afinal, sua preocupação estava pautada apenas na expectativa social.

Com o intuito de pesquisar as preocupações presentes nos julgamento de brasileiros, Caetano e seus colaboradores (2019) investigaram as concepções de 45 crianças e adolescentes, de 10 a 13 anos de idade, sobre 16 situações: pegar dinheiro dos pais sem permissão, bater nos irmãos, mentir para os pais, quebrar uma promessa com os pais, falar palavrão, sair de casa de pijama, comer de boca aberta, dar gargalhadas no velório, escolher a própria profissão, escolher as próprias roupas, fazer tatuagem, escolher os próprios amigos, colocar *piercing*, fumar cigarros, comer alimentos não saudáveis e beber bebida alcóolica.

Por meio da análise quantitativa (ver Tabela 1), percebeu-se que os participantes da amostra julgaram a maior parte dos eventos apresentando argumentos não morais. O episódio que apresentou a maior taxa de preocupações com o outro foi a situação de "dar gargalhadas no velório", mas mesmo assim, a porcentagem da convencionalidade foi superior ao de moralidade em tal situação. Os dados categorizados como "multifacetados" dizem respeito às justificativas com mais de uma preocupação, enquanto a categoria "outros" foi criada para agrupar as respostas como "não sei", "depende do contexto", entre outros.

Tabela 1

A porcentagem sobre a presença de preocupações morais, convencionais, psicológicas, multifacetadas e outros.

Situações	Moral	Conv.	Psic.	Mult.	Outros
Pegar dinheiro dos pais sem permissão	9%	82%	-	7%	2%
Bater no irmão	29%	64%	-	4%	2%
Mentir para os pais	16%	78%	2%	-	4%
Quebrar promessa com os pais	18%	78%	-	-	4%
Falar palavrão	33%	66%	-	2%	2%
Sair de casa de pijama	-	86%	7%	2%	4%
Comer com a boca aberta	-	93%	4%	-	2%
Gargalhar no velório	44%	51%	-	-	4%
Escolher a própria profissão	-	-	98%	-	2%
Escolher as próprias roupas	-	18%	76%	2%	4%
Fazer tatuagem	2%	36%	53%	-	9%
Escolher os amigos	-	27%	60%	4%	9%
Colocar *piercing*	-	31%	57%	7%	4%
Fumar cigarros	2%	2%	89%	4%	2%
Comer alimentos não saudáveis	-	16%	75%	2%	7%
Beber bebida alcóolica	4%	20%	64%	9%	2%

Fonte: Elaboração dos autores a partir dos dados da pesquisa de Caetano e de seus colaboradores (2019). Nota: Conv.= Convencional; Psic.= Psicológico; Mult.= Multifacetado.

Inconformado com a falta de justificativas morais, Choi e seus colaboradores (2020) propuseram um outro estudo na mesma perspectiva teórica com diferentes participantes. Eles investigaram a concepção de 53 crianças entre 5 e 10 anos de idade, sobre quatro situações envolvendo o machucar: machucar acidentalmente, machucar psicologicamente, machucar por vingança e machucar para adquirir um benefício.

No entanto, semelhantemente aos estudos de Caetano e de seus colaboradores (2019), a pesquisa sobre o machucar também não identificou uma quantidade significante de respostas com a preocupação no outro (ver Tabela 2). As justificativas como "não sei", "depende" e "vish, é complicado" foram computadas na categoria "outros".

Tabela 2

A quantidade de preocupações morais e convencionais nas situações sobre o machucar

	Moral	Convencional	Outros
Machucar acidentalmente	3	47	3
Machucar psicologicamente	3	50	-
Machucar por benefício	6	45	2
Machucar por vingança	10	44	-

Fonte: Tabela adaptada e retirada do estudo de Choi e de seus colaboradores (2020).

A hipótese ressaltada por ambos os estudos acerca da ausência de respostas morais foi relacionada com a extrema obediência às ordens da autoridade parental. Aparentemente, as crianças não apresentam um *feedback* relacional com as especificidades das próprias situações por medo do que os pais vão pensar. Ou seja, a motivação para não agredir o outro não está relacionada à preocupação com o outro, mas sim com a punição que vai sofrer dos pais.

Educação moral em Winnicott: um ponto de esperança

Essas pesquisas que indicam o desenvolvimento precário do senso moral em muitas crianças é, antes de mais nada, um duro golpe às bases de algo que é essencial à vida humana: a esperança.

Queremos uma sociedade mais igualitária, mais justa, em que as pessoas se importem de forma espontânea com o bem-estar umas das outras, sem submissão, sem autoritarismo. Sonhamos com algo assim. Temos esperança de que ao menos elementos desse sonho sejam um dia reais, e, para isso, dependemos, pelo menos, de seres humanos que tenham conquistado senso moral.

De acordo com Winnicott (1963), no período coberto pela história da humanidade, a natureza humana não mudou, o que muda é a sociedade. A tendência ao desenvolvimento do senso moral é inata, e, portanto, se estamos observando uma deficiência generalizada na integração dessa conquista por nossas crianças, é provável que o suprimento ambiental esteja sendo inadequado.

Para Winnicott (1963), a conquista do senso moral parte do desenvolvimento da capacidade de "confiar em". Não se obriga uma criança a aceitar uma religião ou ideais de certo e errado. Ao contrário, é por ter sido amada, cuidada e respeitada de forma consistente ao longo do seu processo natural de amadurecimento que uma criança aprende a confiar. Essa confiança, inicialmente uma crença na confiabilidade do ambiente, seria a raiz para o desenvolvimento do senso moral.

Winnicott (1963) diz ainda que há mais para se ganhar do amor do que da educação. Sem amor, e por amor ele compreendia a totalidade dos cuidados oferecidos à criança, o ensino moral seria uma imposição sem sentido pessoal para a criança. Winnicott defende em suas obras a criatividade como essencial à vivência de experiências sentidas por uma pessoa como reais. E no caso do desenvolvimento do senso moral, não é diferente: a criança precisa criar pessoalmente os conceitos de bondade e de valores morais, eles precisam partir dela para serem sentidos como fenômenos pessoais e com sentido.

Uma educação moral recheada de sanções e imposta à revelia do estágio de amadurecimento da criança, com exigências maiores do que ela possa abarcar é intrusiva e desrespeitosa, além de não poder ser sentida pela criança como sua. Nesse tipo de educação moral, de acordo com Winnicott (1963), obediência pode ser confundida com crescimento. As recompensas de curto prazo que a criança obtém pela submissão podem levá-la a "pular" etapas de amadurecimento, mas de forma falsa, atuando como acredita que o ambiente espera que ela se comporte e impedindo que o seu *self* verdadeiro possa passar pela experiência de viver de forma autêntica.

Não significa que não se deva ensinar a uma criança nada em termos de valores e de moralidade, porém, como nos ensina Winnicott, uma das funções primordiais dos cuidadores é a de apresentar à criança o mundo em pequenas doses, na medida certa do tamanho e do momento em que ela necessita, como uma resposta ao que ela busca através do seu próprio gesto espontâneo. Sem submeter, sem impor, sem sobrecarregar. Uma forma de fazer isso, ainda a partir de Winnicott, é servindo de exemplo à criança. Não um melhor do que realmente se é, insincero, mas um exemplo aceitável e decente.

Finalmente, falávamos de esperança, e ela é sinônimo de espera com ação. Essa esperança por uma sociedade futura composta por pessoas com bom senso moral precisa ser convertida em atitude para a construção de um ambiente favorável nos dias atuais, para que as crianças possam desenvolver sua própria capacidade moral. Ser ambiente suficientemente bom implica em espera, espera no sentido de não atropelar os processos de amadurecimento individuais, mas implica também na provisão dos meios necessários para que a criança possa integrar suas tarefas maturacionais.

Palavras finais

Um dos pilares básicos da universidade é a pesquisa. A produção do conhecimento é uma das funções primordiais que visa fornecer subsídios para o progresso da ciência e de nosso engajamento profissional e social.

As questões centrais da atualidade são: o convívio social e a perspectiva de futuro. A universidade tem priorizado avanços nessa direção. Estamos realizando o nosso trabalho de investigação na área, pensando no desenvolvimento moral de crianças e adolescentes. Há esperança!

Referências

CAETANO, L. M.; SOUZA, J. M.; SILVA, C. O.; CHOI, P. Y. C. "Concepções educativas morais de crianças e adolescentes: Diálogo entre teoria do juízo moral de Piaget e teoria do domínio social de Turiel". *Educação e Pesquisa*, 45: e193129, 2019. Disponível em: https://www.scielo.br/scielo.php?script=sci_arttext&pid=S1517-97022019000100576. Acesso em: 28 dez. 2020.

CHOI, P. Y. C.; CAETANO, L. M.; DELL'AGLI, B. A. V. "A admiração influencia o julgamento sobre o machucar?: A diferença entre personagens genéricos e do desenho animado Frozen". *Olhares: Revista do Departamento de Educação da Unifesp*, 8 (1): 33-48, abr. 2020 (Guarulhos). Disponível em: https://www.researchgate.net/publication/340881615_A_admiracao_influencia_o_julgamento_sobre_o_machucar_a_diferenca_entre_personagens_genericos_e_do_desenho_animado_Frozen. Acesso em: 28 dez. 2020.

MULVEY, K. L.; HITTI, A.; SMETANA, J. G.; KILLEN, M. "Morality, context, and development". *In*: BALTER, L.; TAMIS-LEMONDA, C. S. (eds.). *Child psychology: A handbook of contemporary issues*. 3. ed. Nova Iorque: Routledge, 2016, p. 285-304.

NUCCI, L.; TURIEL, E.; RODED, A. D. "Continuities and discontinuities in the development of moral judgments". *Human Development*, 60 (6): 279-341, 2017.

SMETANA, J. G. "Moral development: The social domain theory view". *In*: ZELAZO, P. D. (ed.). *The oxford handbook of developmental psychology*. Nova Iorque: Oxford University Press, 2013, p. 832-863.

TURIEL, E. *The development of social knowledge: Morality and convention.* Nova Iorque: Cambridge University Press, 1983.

TURIEL, E.; NUCCI, L. "Moral development in context". *In*: DICK, A. S.; MÜLLER, U. (eds.). *Advancing developmental science: Philosophy, theory, and method.* Nova Iorque: Routledge, 2018, p. 95-109.

WINNICOTT, D. W. "Moral e educação" (1963). *O Ambiente e os Processos de Maturação.* Porto Alegre: Artes Médicas, 1983.

______. *Natureza Humana.* Rio de Janeiro: Imago Editora, 1988/1990.

______. *Pensando sobre crianças.* Porto Alegre: Artes Médicas, 1945/1997.

Bibliografia consultada:

ROSA, J. T.; MOTTA; I. F. da. (orgs.). *Violência e Sofrimento de Crianças e Adolescentes na perspectiva winnicottiana.* Aparecida, SP: Ideias & Letras, 2008.

MOTTA, I. F. da (org.). *Psicanálise no Século XXI: As Conferências Brasileiras de Robert Rodman.* Aparecida, SP: Ideias & Letras, 2006 (Coleção Psi-atualidades).

11. Esperança e resgate a pais na contemporaneidade

Marisa Cintra Bortoletto

Este trabalho versa sobre as atuais dificuldades dos pais em cuidar dos filhos, em especial daqueles que apresentam comportamentos com tendências antissociais como: oposição, mentiras, pequenos furtos, entre outros. Por meio da orientação aos pais, o trabalho mostra a questão da esperança e resgate.

Introdução

> O bebê inicia criando o mundo e assim continua criando um viver que contém algo único e característico seu (MOTTA, 2019, p. 23).

Como sabemos, não nascemos pais, vamos nos tornando pais a partir da interação pais e filhos. E caberá a cada criança a transformação de seus genitores em pais, frente às emergências maternais e paternais, às trocas afetivas e aos cuidados infantis (MORO, 2005).

Na atualidade, temos acompanhado as mudanças na formação e educação das crianças, no sentido de os pais contarem com uma rede de apoio cada vez maior fora do âmbito familiar. Pai e mãe no mercado de trabalho encontram ajuda na criação dos filhos nas escolas, em muitas atividades extras e entre aqueles que os auxiliam nos afazeres domésticos.

A educação infantil desde sempre tem sido um desafio a todos os envolvidos nessa tarefa. É provável que os casais, quando desejam filhos, idealizem a maternidade e a paternidade, de tal maneira que se sentem um tanto despreparados para enfrentar tanto as exigências naturais dos bebês, como as questões físicas, emocionais e sociais que as crianças venham a passar. Esse despreparo diante das tradicionais funções fazem os pais facilmente delegá-las a outras pessoas. A este fenômeno chamamos de terceirização dos cuidados infantis.

Encontramos entre os pediatras a preocupação sobre o que estaria acontecendo com a "arte feminina" de cuidar das crianças. Estes discutem sobre o destino dos bebês que permanecem mais de doze horas em berçários, os quais desenvolvem problemas semelhantes aos bebês que vivem em orfanatos. Martins (2012), em sua experiência como pediatra, tem observado menor disponibilidade dos pais de abrirem mão da correria do dia a dia, do trabalho extra, dos celulares e computadores. A disposição em cuidar e acompanhar as crianças nem sempre é um objetivo claro e definido dos pais.

Uma observação interessante é pensar o quanto os adultos, pressionados pelo mundo produtivo e consumista, apresentam um desalinho em relação aos cuidados infantis. Pouco afinados com as necessidades das crianças, podem vir a criar filhos pouco assistidos em seus anseios afetivos (MIZIABI, 2010).

Entretanto, também sabemos que os bebês e as crianças têm o "poder" de cativar seus pais a ponto de sensibilizá-los ao acolhimento das solicitações pueris. Nesse cuidado, é o alcance da ternura mútua que proporciona o apaziguar dos apelos infantis e o alento aos pais. Assim, o interjogo criativo dessa relação oferece a sustentação dos relacionamentos amorosos e os afetos mais duradouros de nossa existência.

O pequeno João, de onze meses, por exemplo, ao ser observado brincando com a mãe, mostrava que de alguma maneira já havia aprendido a convocá-la e a outros adultos para uma atividade lúdica. Com quase um ano de idade, dava indícios de já conhecer seus encantos: ao olhar para a mãe, com seus olhos azuis e sorrindo, subia numa estante e derrubava todos os brinquedos. Apesar do aparente perigo de cair, a mãe estava orgulhosa da desenvoltura atlética do filho (ARANTES; BORTOLETTO; GOMES, 2018).

Quando, por algum motivo, a relação entre pais e crianças se torna conflitiva, uma orientação aos pais pode ser uma opção importante, isto é, além do atendimento à criança, um outro psicoterapeuta, não o que atende ao filho, ajudará os pais a resgatarem experiências próprias que impulsionem o reconhecimento da personalidade de seu filho.

A tendência atual mostra que os sintomas infantis, por vezes, não são decifrados pelos pais. Dessa forma, o entendimento dos comportamentos infantis promove esclarecimentos e mudanças de atitudes nos adultos cuidadores, a considerar as diferenças de gerações e as experiências da própria infância dos pais.

Certa ocasião, na Verbo Clínica, nos deparamos com uma criança de dez anos que apresentava encoprese desde os quatros anos. Os pais procuravam a melhor maneira de lidar com o sintoma. Já haviam passado por seis psicólogos e ainda não se sentiam seguros frente às condutas mais apropriadas (BORTOLETTO, 2013). Diante da demanda cada vez mais frequente desse tipo de pedido de ajuda, desenvolvemos um modelo próprio de orientação aos pais.

Modelo de orientação breve a pais: doze sessões

O objetivo dessa orientação é identificar junto aos pais as principais questões emocionais que estão afetando o relacionamento paterno-filial e os prováveis problemas de comunicação, bem como as atitudes dos pais perante os comportamentos pouco adequados da criança.

Para tanto, elaboramos perguntas com a intenção de os pais associarem suas experiências infantis com os próprios pais, e as diferenças na educação que receberam e a que estão dando ao filho. Sensibilizá-los a conhecer e reconhecer a personalidade do filho não apenas como uma extensão das suas, mas com as diferenças de temperamento, bem como as qualidades e aptidões da criança. Este modelo está baseado no modelo da Psicoterapia Breve Operacionalizada de Simon (2008), e nas consultas terapêuticas de Winnicott (1984).

O resultado desse trabalho clínico tem levado os pais a começarem a aceitar o filho tal como ele é, auxiliando na aproximação desses pais aos recursos maternos e paternos para melhor cuidar dos filhos.

> Quando conseguimos ajudar os pais a ajudarem seus filhos, na verdade estamos ajudando-os a respeito de si mesmos (WINNICOTT, 2005).

Em geral, no primeiro encontro dos pais com a terapeuta ocorre uma entrevista, onde se busca identificar as questões emergentes e as que os pais entendem como as mais fáceis e as mais difíceis na lida com o filho. Pesquisamos como os pais se comportavam na mesma idade da criança, isto é, que tipo de criança eram, como enxergavam os próprios pais. Além disso, investigamos sua reação frente à "malcriação", bem como se acompanham as tarefas escolares dos filhos e quais as formas de lazer da família. Damos especial ênfase na existência de jogos, filmes, brincadeiras e atividades de leitura desenvolvidas entre pais e filhos. E ainda visamos saber quais os principais temas no diálogo familiar, como, por exemplo, a sexualidade. Segue abaixo um exemplo clínico.

Esperança e resgate

> Esperança: um princípio organizador indispensável da vida psíquica para seu bom funcionamento (FIGUEIREDO, 2003, p. 164).

Os pais descreviam o filho, um pré-adolescente, como alguém que não conseguia seguir regras e normas. Na escola mostrava-se mais apegado aos professores do que aos colegas e costumava "denunciar" os alunos, isto é, se a professora saía da classe, quando voltava a criança dizia quem havia feito bagunça. Dessa forma, criava conflitos e confusões. Por vezes, realizava pequenos furtos de objetos escolares dos colegas, e quando descoberto negava a autoria.

Em casa, a dificuldade aparecia frente aos pedidos dos pais quanto aos estudos, organização do quarto, higiene pessoal e alimentação. Sua atitude era de franca oposição a qualquer solicitação, o que também acabava por gerar um mal-estar familiar. Como filho caçula, mostrava uma acentuada preocupação em chamar atenção sobre si mesmo.

Desde pequena, a criança exauria os pais, pois demandava cuidados constantes. Por vezes, provocava a fúria materna, que a castigava de várias maneiras, verbais e físicas. O pai entendia que a criança precisava adquirir a noção das consequências de seus atos e com isso desenvolvia longos monólogos com o menino.

A capacidade de envolvimento do garoto parecia não ter se constituído por completo. Envolver-se com os outros depende da integração do ego infantil, e neste aspecto ele se comportava como se estivesse aquém da idade e alheio aos acontecimentos ao seu redor.

Era possível observar o esforço dos pais em procurar uma maneira de compreender o que se passava com o filho. Um aspecto que dificultava qualquer mudança em direção a um uso construtivo da agressividade da criança era a falta de identificação da mãe com o filho. Ela não conseguia entender como ele era tão diferente dos demais, quando os outros três eram comportados, bons alunos e conseguiam ajudar a mãe nos afazeres domésticos. Além disso, a mãe também havia sido uma criança bem comportada. Sentia que suas orientações para aquele filho não geravam qualquer mudança de comportamento.

O pai fazia o papel de superprotetor, mas um tanto deprimido com a situação da criança. Ao contrário da mãe, o menino o remetia à própria infância, época em que foi educado com austeridade e distância afetiva dos pais.

Winnicott (2005) afirma ser uma tarefa muito difícil a de identificar as origens internas das manifestações agressivas. Em geral, elas estão ligadas a uma fantasia inconsciente de destrutividade. Algumas crianças acreditam, em fantasia, que foram roubadas em suas necessidades de atenção e carinho e podem desenvolver comportamentos antissociais como forma de buscar novamente esta atenção. A criança cria um incômodo no ambiente e parte dessa motivação é inconsciente, embora não toda.

Na orientação aos pais é possível atingir com sucesso a árdua tarefa de educar os filhos problemáticos. São as crianças que irão mobilizar as próprias fantasias e inseguranças vividas pelos pais, uma oportunidade de elaboração dos próprios conteúdos psíquicos, e por essa razão pode ser um tanto delicada, embora a esperança costume estar presente aos que procuram ajuda emocional.

A esperança, no sentido winnicottiano, refere-se às questões internas, a uma privação que se tornou longa demais para a criança suportar, ao uso dos impulsos instintivos e agressivos de forma a convertê-los "em bem na vida real o que era dano na fantasia: isso constitui a base do brincar e do trabalho" (WINNICOTT, 2005, p. 99).

> A agressividade, que dificulta seriamente o trabalho da professora (ou dos pais), é quase sempre essa dramatização da realidade interior que é ruim demais para ser tolerada como tal (WINNICOTT, 2005, p. 99).

Pais sentem uma urgência afetiva para conter a agressividade destrutiva das crianças, pois o temor é de a situação fugir ao controle. Na atualidade, somos assolados por notícias onde jovens violentos, que não foram contidos a tempo, acabam por ferir entes queridos.

A esperança parece ocupar este espaço entre a agressão verbal e o ato agressivo propriamente dito. Isto é, o aspecto transicional dos objetos pode oferecer a sublimação necessária à transformação de atos destrutivos numa ação criativa. E cabe ao sentimento de esperança evocar bons objetos internos, para então apaziguar a propensão ao confronto e oposição.

> A capacidade para a esperança construída desde o início tem como base a ilusão (MOTTA, 2019, p. 25).

A orientação visa sensibilizar os pais no sentido de reconhecerem o importante papel que exercem nos processos de maturação de seus filhos. Sabemos que a maioria das crianças irá alcançar a capacidade de transformar a agressividade em ações construtivas, e muitos pais estão aptos a ensinar seus filhos quanto aos comportamentos antissociais. O trabalho de orientação traz acolhimento a dúvidas e inseguranças parentais, o que contribui no resgate das boas e afetuosas experiências infantis dos pais.

Nesse caso específico, a dúvida persiste sobre o que teria levado a criança a não adquirir a capacidade de discriminar as consequências da própria agressividade. A descrição dos comportamentos mostrava indícios de delinquência, pois a noção de Eu e Não eu parecia ter sofrido um congelamento.

Winnicott relata a forma como auxiliou uma amiga quando esta lhe diz que o filho mais velho estava roubando em supermercados e lojas de departamento. O psicanalista inglês sugeriu a seguinte interpretação: "Por que não dizer a John que você sabe que, quando ele rouba, ele não está querendo as coisas que rouba mas procura algo a que tem direito: está protestando contra a mãe e o pai porque se sente privado do amor de ambos" (WINNICOTT, 2005, p. 137).

A interpretação teve um efeito duplo: o menino parou de roubar e os pais puderam pensar sobre a atenção que ofereciam ao filho.

Considerações finais

As questões familiares na contemporaneidade influenciam sobremaneira a intimidade entre pais e filhos. Observamos como é imperativo que os pais possam compreender a posição que ocupam na educação das crianças, como fontes de identificação e trocas afetivas profundas e marcantes por toda a vida.

Motta (2014) aponta a orientação aos pais como uma oportunidade para o psicoterapeuta contribuir no resgate dos recursos psíquicos desses pais, tornando-os empáticos frente aos comportamentos infantis próprios e impróprios. Trata-se, a princípio, de uma situação de conflito, que abarca os sentimentos de amor e ódio, de lealdade e deslealdade entre os membros da família.

Quando os pais se mostram capazes de acompanhar o desenvolvimento infantil de maneira madura, eles proporcionam a reparação e a confiabilidade, além de um ambiente facilitador como incremento natural às soluções de conflitos e superação de comportamentos com tendências antissociais.

Não podemos impedir que as crianças mordam, deem pontapés, puxem os cabelos dos outros, mas podemos entender que elas continuam a precisar de alguém que as impeçam de apenas destruir. As crianças pequenas costumam brincar de construir e destruir seus brinquedos, e assim aprendem a conter a própria crueldade. Se puderem contar com pais adultos e tranquilos, elas poderão abarcar com mais facilidade o significado da confiança e do respeito aos outros e ao ambiente onde vivem. A esperança em sua essência ilusória traz em si perspectivas de equilíbrio psíquico e o interjogo criativo dos afetos.

Referências

ARANTES, M. J.; BORTOLETTO, M. C.; GOMES M. R. *Um mosaico de observações de bebês: Ressonâncias internas.* Trabalho apresentado no I Congresso Transdisciplinar Portugal-Brasil sobre o Bebê. Évora, Portugal, 2018.

BORTOLETTO, M. C. *Convênios Psicológicos e Psicoterapia Psicanalítica*. São Paulo: Escuta, 2009.

______. *Um caso de orientação a pais por encoprese infantil* (2013). Trabalho apresentado na Associação de Psicoterapia Psicanalítica, São Paulo, 2014.

FIGUEIREDO, L. C. *Psicanálise, Elementos para a Clínica Contemporânea.* 2. ed. São Paulo: Escuta, 2003.

MARTINS, J. F. *A criança terceirizada.* Campinas: Papirus, 2012.

MIZIARI, B. G. *A criatividade em Winnicott.* Rio de Janeiro: Garamond, 2010.

MORO, M. R. "Os ingredientes da parentalidade". *Revista Latinoamericana de Psicopatologia Fundamental,* 2005.

MOTTA, I. F. "O processo identificatório em famílias reconstituídas – a questão do sintoma da criança", "Um caso de orientação a pais por encoprese infantil". *In*: *Reunião Científica.* Associação de Psicoterapia Psicanalítica. São Paulo, 17 maio 2014.

________. *Psicanálise no século XXI: Depressão e a capacidade para esperança na atualidade.* XXIII Encontro do Curso de Especialização em Psicoterapia Psicanalítica. São Paulo: Zagodoni, 2019.

SIMON, R. *Psicoterapia Breve Operacionalizada.* São Paulo: Casa do Psicólogo, 2008.

WINNICOTT, D. *Consultas Terapêuticas em Psiquiatria Infantil.* Rio de Janeiro: Imago, 1984.

________. *Privação e Delinquência.* São Paulo: Martins Fontes, 2005.

Terceira parte
ESPERANÇA E ESPIRITUALIDADE

12. Envelhecimento, espiritualidade, esperança: O lugar da transcendência

Claudia Stella;
Ivonise Fernandes da Motta

Envelhecemos desde o nosso primeiro dia de vida, mas com excesso de futuro em nossa infância e juventude não nos damos conta de que um dia teremos mais anos vividos do que anos a viver, desfazemos, vivemos, experienciamos, absorvemos e sorvemos anos. Como bem ilustrou Rubem Alves em sua crônica "Desfiz 75 anos":

> Por isso acho um equívoco filosófico perguntar a alguém: 'Quantos anos você *tem?*'. O certo seria perguntar 'quantos anos você não tem?'. E ela responderia 'não tenho 42 anos', 'não tenho 28 anos'. Porque esse número de anos indica precisamente os anos que ela não tem mais. Nos aniversários, então, a maneira correta de se dirigir ao aniversariante é perguntando-lhe 'quantos anos você *está desfazendo hoje?*'.

Pronto, e num piscar de olhos lá se vão os anos e nos damos conta da finitude, que já estava presente em todo nosso processo de constituição egóica – morre sua majestade o bebê, nasce a criança aventureira e quando esta morre nasce um adolescente inconformado com seus lutos internos, quando este descansa em paz nos tornamos adultos jovens e depois maduros e, se tudo der certo em nosso processo evolutivo, lá estaremos nós com corpos envelhecidos, mas coabitados por todas as etapas anteriores de nosso desenvolvimento.

Com um movimento contínuo, constante e cíclico caminhamos em nosso processo de amadurecimento, quase imperceptível para alguns, inconsciente para outros e integrado para poucos, mas quando chegamos em nossos anos posteriores entendemos que agora temos mais passado do que futuro, e temos o desafio de articular nossas experiências vividas, com suas dores e alegrias, perdas e aquisições; a tarefa agora pode estar em dar um sentido a nossa existência e quem sabe transcender esta existência.

Um autor que pode nos ajudar a refletir sobre estes aspectos é Erik Erikson (1902-1994), cuja obra foi sendo elaborada, acrescida e modificada conforme seu próprio desenvolvimento pessoal. Erikson formula oito estágios de desenvolvimento, entretanto, morre com mais de noventa anos, e sua esposa, Joan M. Erikson, na revisão do livro *Ciclo de Vida Completo*, afirma que talvez exista um nono estágio de desenvolvimento, que não foi observado pelo casal de autores quando estes tinham cinquenta anos, mas que como pessoas de oitenta ou noventa anos eles seriam capazes de vivenciar em seus processos de amadurecimento, e confere um importante papel à transcendência no fechamento do ciclo de vida (ERIKSON, 1998).

Na descrição de seus oito estágios de desenvolvimento, Erikson descreve as crises psicossociais pelas quais o indivíduo tem que passar. É importante ressaltar que crise, para o autor, tem um aspecto normativo, isto é, durante nosso processo de desenvolvimento vamos passar por várias situações comuns, ordinárias, que nos levarão ao amadurecimento.

Para Erikson, nossas crises aparecem conforme o meio externo nos faz novas exigências, e elas podem ser resolvidas de dois modos: um adaptativo (sintônico) e outro inadaptativo (distônico). Somente quando resolvemos o dilema do estágio anterior e em decorrência disso nossa personalidade tiver se modificado, estaremos preparados para o próximo estágio de desenvolvimento. E sempre carregamos para a próxima crise de desenvolvimento forças básicas adquiridas nas crises anteriores, portanto, na nossa velhice, se integrados, seremos capazes de usar todas elas em nosso processo de transcendência. No entanto, muitos não conseguem atravessar a vida pelos aspectos adaptativos e ficam aprisionados em dilemas de fases anteriores. Neste artigo, trabalharemos com os aspectos adaptativos do amadurecimento, por acreditarmos que somente com a integração de nossas forças básicas teremos a oportunidade de buscarmos a transcendência.

A palavra transcendência aqui deve ser utilizada com certo cuidado, pois pode, para muitos, possuir um cunho puramente espiritual. Contudo, usamos esta palavra com o sentido de ir além, superar, como um processo de integração interna que usamos para estar acima e superar o medo da morte. Joan M. Erikson utiliza o termo *transcendança*: "que fala a alma e ao corpo e o desafia a erguer-se acima dos aspectos distônicos, aderentes, da nossa existência mundana. Que nos sobrecarregam e distraem do verdadeiro crescimento e aspiração" (ERIKSON, 1998, p. 106). No mesmo texto a autora continua:

> A transcendança pode ser uma recuperação de habilidades perdidas, incluindo o brincar, a atividade e a alegria, a música e acima de tudo, um pulo importante acima e além do medo da morte (ERIKSON, 1998, p. 106).

Para tanto, precisamos entender nosso processo de amadurecimento e ter a consciência de nossa finitude, mais como um dever cumprido do que como uma tristeza.

Um caminho apontado pelo casal Erikson para a transcendência está na passagem e significação dos oito estágios de desenvolvimento. No primeiro estágio do desenvolvimento está o dilema *confiança versus desconfiança*.

A passagem por esse período é orientada pela lógica ambiental e cultural na qual estamos inseridos. Se o bebê tem uma relação inicial bem estabelecida com a mãe (ou com quem faz o papel de seu cuidador), pode desenvolver a força básica de esperança, que é essencial para os estágios posteriores e para várias situações que passamos pela vida. Sem esperança, podemos cair no desespero e em uma vida sem sentido, especialmente com a proximidade da finitude, vivenciada fortemente na velhice.

Aprimorando o sentimento de que o mundo é bom, de que os adultos não o abandonarão e de que o mundo externo possui uma certa previsibilidade, o bebê estruturará sua confiança. Erikson destaca ainda que a confiança e a esperança são requisitos básicos para o desenvolvimento da fé e da espiritualidade, que podem ser tão necessários para um envelhecimento bem-sucedido; assim, vemos que o início da vida pode garantir uma força muito importante para o seu fim.

O segundo estágio é *autonomia versus vergonha e dúvida*, no qual o autocontrole aliado à autoestima está presente em aspectos importantes para desenvolver a vontade, força básica fundamental para as fases posteriores de desenvolvimento e para a sociedade. No envelhecimento podemos duvidar de nossa autonomia, o que por sua vez pode gerar vergonha, contudo, também existe a possibilidade, claro, tudo dependendo do contexto, de termos uma vontade de ir além, ancorados em nossa esperança.

No estágio *iniciativa versus culpa* entramos na fase do brincar, de grande explosão locomotora. Nesta etapa, a insistência no objetivo e o prazer de conquistar objetos e pessoas podem sinalizar o surgimento da iniciativa. As diferenciações sexuais estão presentes e podem ser manifestadas nas brincadeiras. O propósito que é a força básica desse estágio surja nos nossos projetos, especialmente os pessoais, que devem continuar conosco quando envelhecermos.

A crise psicossocial no quarto estágio de desenvolvimento, *diligência versus inferioridade*, pode nos levar a um sentimento de ser competente e adaptado às regras instrumentais do mundo, bem como aos esquemas de cooperação social (diligência). Contudo, a inferioridade pode girar em dois polos: o primeiro nos impulsiona para obtenção de melhores resultados e o segundo pode ter um efeito paralisante ou mesmo causar regressão. Preservar certa competência para lidar com a realidade, especialmente em nossas relações sociais, pode nos favorecer quando pensamos em envelhecimento bem-sucedido.

Na crise *identidade versus confusão de papéis* o adolescente tem que resolver três dilemas necessários para a constituição de sua identidade: o dilema sexual, o ideológico e o profissional. Erikson propõe que este é um estágio importante para a consolidação de uma identidade que faça sentido e que seja a continuidade de sua história passada e uma orientação para o desenvolvimento futuro.

O grande perigo desta etapa do desenvolvimento é a confusão de papéis na qual podemos ficar imobilizados ou mesmo regredir para etapas anteriores, o que impossibilita a definição de filiações importantes para a entrada no mundo adulto. A fidelidade surge como força básica que nos impulsiona aos vínculos afetivos com coisas ou pessoas significativas para nós, aspecto que pode ser conservado durante toda nossa existência.

Na *intimidade versus isolamento,* a intimidade buscada neste período compreende uma fusão de identidades nas relações de trabalho, sexuais ou de amizades que podem se tornar complementares.

Nos cabe, ao final desta etapa, afirmar nossa identidade como adultos independentes de nossas relações parentais ou do grupo de iguais, comprometendo-nos com associações concretas que exijam compromissos significativos, nos quais possamos ter intimidade. Aqui o amor emerge como possibilidade para resolver os impasses que surgem das nossas associações. O amor se constitui aqui como uma "mutualidade de dedicação madura" (cf. ERIKSON, 1998). Amar é o verbo que nos ajuda a transmutar aspectos intrasubjetivos em cuidado com o outro.

Na *generatividade versus estagnação,* todas as forças básicas desenvolvidas nas etapas anteriores, como esperança, fé, fidelidade e amor emergem para sustentar as relações de trabalho, família e lar compartilhados.

Este é o estágio mais longo da nossa vida no qual os interesses estão voltados para aquilo que pode ser gerado, produzido e criado junto. O cuidado emerge aqui com o compromisso, cada vez mais amplo, de cuidar de pessoas, coisas e ideias, incluindo a nós mesmos. Este senso de cuidado nos ajuda a caminhar para a transcendência.

Na crise psicossocial *integridade versus desespero*, a integridade se caracteriza por um senso de coerência e inteireza, que pode ser ameaçado pela perda de vínculos nos três processos organizadores da personalidade: soma, psique e etos. Da integridade emerge uma força específica que é a sabedoria, caracterizada por uma preocupação informada e imparcial com a vida e com a morte.

Nesse período pode surgir, em contraposição à sabedoria, uma reação de desdém, que advém de um sentimento de desespero que geralmente nessa fase está ligado a um continuado senso de estagnação, surgido na etapa anterior e a uma sensação de finitude e morte próxima. "O desespero expressa o sentimento de que o tempo é curto, curto demais para a tentativa de iniciar uma outra vida e experimentar caminhos alternativos" (ERIKSON, 1998, p. 95). Contudo:

> Desde o início nós somos abençoados com a confiança básica. Sem ela a vida é impossível, e com ela nós persistimos. Como uma força permanente, ela nos acompanhou e nos sustentou com esperança. Sejam quais as fontes específicas de nossa confiança básica, e independentemente de quão seriamente a esperança foi desafiada, ela nunca nos abandonou completamente. A vida sem ela é simplesmente impensável. Se ainda sentimos plenamente a intensidade de existir e esperar por novas graças e esclarecimentos, então temos razões para viver (ERIKSON, 1998, p. 95).

Ao estudar os estágios de desenvolvimento de Erikson e os recursos dos idosos para terem um envelhecimento autônomo e bem-sucedido, podemos melhor compreender alguns dos fatores responsáveis por vidas cheias de propósito, nas quais muitas vezes a esperança adquire um papel de destaque, apesar dos riscos e vulnerabilidades inerentes da idade avançada (STELLA; CAMERON, 2018).

Por ser a velhice a última etapa do desenvolvimento humano, ela pode nos trazer uma reflexão maior sobre a morte. Questões sobre finitude, como a morte do cônjuge, amigos e a sua própria, podem ser enfrentadas nessa época, e o apoio espiritual e religioso, atrelados ao exercício da esperança, podem ter um maior significado agora.

Existe uma diferença clara entre religião, religiosidade e espiritualidade (KOENIG *et al.*, 2004). Enquanto religião se constitui mais objetivamente, como um conjunto de crenças organizado socialmente, com seus ritos e dogmas, a religiosidade se caracteriza na forma como os indivíduos vivenciam a religião, seguindo um modo mais subjetivo. Já a espiritualidade é a busca por compreensão e sentido da vida, da morte, da relação individual com o sagrado, que pode ou não envolver práticas religiosas.

Conceituada por Joan Erikson (1998), a nona idade caracteriza-se pela conquista da transcendência, ou seja, a sabedoria para ir além ao adotar uma postura mais contemplativa perante a vida e a morte, na qual a aceitação das mudanças que o tempo impôs ao corpo e à mente é fundamental. Por meio da espiritualidade, a esperança, força psicossocial que ressurge como forma de preocupação e cuidado, pode ser expressa com todos que coexistem no mesmo mundo que nós, além de expressar o autocuidado.

Envelhecer, assim como o exercício da espiritualidade, é um processo complexo, individual, multifacetado por fatores psicossociais que estiveram presentes ao longo da vida de quem envelhece.

O início e o fim

As várias etapas descritas por Erikson descrevem possibilidades de desenvolvimento em fases sucessivas desde o nascimento até as fases finais do viver.

Cabe aqui destacar que um outro olhar fundamental para compreensão do desenvolvimento psíquico e maturação é o da concepção de uma espiral que esse caminho usualmente segue. Um ir e vir, alternância de progressão e regressão.

Para ilustrar essa força dinâmica que nos constitui desde o início da vida, podemos utilizar a gravidez, experiência humana na qual esses movimentos cíclicos operam desde o início. Regressão que possibilita a gestante e cuidadores identificação com o bebê, com os registros de memórias de um bebê mesmo quando adultos, e progressão, contato e manutenção de habilidades e talentos adquiridos até a idade madura.

No início da vida, os bons cuidados recebidos pela criança irão constituindo um reservatório de boas experiências. Porém, por melhores que sejam os cuidados oferecidos pelos pais, haverá momentos e fases de turbulência e desencontros. Fases que a criança poderá ter sentimentos de vazio, de morte psíquica. Na linguagem psicanalítica, seriam vivências de aniquilamento.

As experiências de reparação efetuadas pelos pais após desencontros têm o potencial de resgatar sentimentos de segurança e confiança. Sustentabilidade psíquica é vivenciada com o retorno de cuidados. A alternância entre a arte de viver e a arte de morrer.

Essas marcas iniciais de morte psíquica, de aniquilamento e de seu retorno para vida irão propiciar sentimentos de superação, sentimentos de cura durante as mais diferentes fases da vida, sobremaneira na velhice.

A busca por bons cuidados fornecidos a si mesmo e aos outros direciona para transcendência. Rubem Alves (1999), ao finalizar seu livro *O que é religião,* afirma que diante das perguntas "Deus existe?", "Qual o sentido da vida?", "O que é a morte?" a alma religiosa responderá "Não sei. Mas desejo ardentemente que assim seja, e me lanço inteira, porque é mais belo o risco ao lado da esperança que a certeza ao lado de um universo frio e sem sentido" (ALVES, 1999, p. 131).

Com essa perspectiva, na velhice a direção se orienta para novos rumos, novos desafios e sonhos de futuro.

A busca por um envelhecimento bem-sucedido consiste na sustentação da capacidade de reagir criativamente frente às mudanças, ressignificando crenças internas, identidades, amizades e relações familiares. Além disso, podemos conservar nossas forças básicas e nos mover com autonomia, esperança, num processo de transcendência que envolva a habilidade de fazer escolhas próprias, tanto com relação a nossas vidas, como quanto a nossa (não) existência. Cora Coralina traduziu em poesia o processo de envelhecimento e sua possibilidade de transcendência.

Ofertas de Aninha (Aos moços) – Cora Coralina[1]

Eu sou aquela mulher
a quem o tempo
muito ensinou.
Ensinou a amar a vida.
Não desistir da luta.
Recomeçar na derrota.
Renunciar a palavras e pensamentos negativos.
Acreditar nos valores humanos.
Ser otimista.
Creio numa força imanente
que vai ligando a família humana
numa corrente luminosa
de fraternidade universal.
Creio na solidariedade humana.
Creio na superação dos erros
e angústias do presente.
Acredito nos moços.
Exalto sua confiança,
generosidade e idealismo.

1 CORALINA, Cora. "Ofertas de Aninha (Aos moços)". *Vintém de cobre: Meias confissões de Aninha*. 6. ed. São Paulo: Global, 1997, p. 145.

Creio nos milagres da ciência
e na descoberta de uma profilaxia
futura dos erros e violências
do presente.
Aprendi que mais vale lutar
do que recolher dinheiro fácil.
Antes acreditar do que duvidar.

Referências

ALVES, Rubem. "Desfiz 75 anos". *Folha de S. Paulo*, 16 set. 2008, p. C12.

______. *O que é Religião?*. São Paulo: Brasiliense, 1999.

ERIKSON, Erik H. *O ciclo de vida completo*. Porto Alegre: Artemed, 1998.

ERIKSON, Joan. "Apresentação". *In*: ERIKSON, Erik H. *O ciclo de vida completo*. Porto Alegre: Artemed, 1998.

KOENIG, H. G.; GEORGE, L. K.; TITUS, P. "Religion, Spirituality, and Health in Medically Ill Hospitalized Older Patients". *Journal of the American Geriatrics Society*, 52 (4): 554-562, 2004.

STELLA, Claudia; CAMERON, Ann. C. *Psicologia do Desenvolvimento: "Um Dia na Vida" de Pessoas Bem-Sucedidas: Metodologia da Pesquisa Audiovisual em Psicologia Transcultural, Educação e Comunicação*. Curitiba: Juruá, 2018.

13. Esperança e espiritualidade: Contribuições para o aprimoramento humano em cenários de crise

Cláudio Aparecido da Silva

O quadro atual parece propício para pensar sobre o papel da esperança e da espiritualidade, pela humanidade estar sendo abalada por uma pandemia, com sinais que parecem indicar que uma nova fase da história humana foi iniciada. Para tanto, convido você a refletir sobre esperança, desesperança e alguns caminhos possíveis neste cenário.

A esperança

Segundo o dicionário *Caldas Aulete,* esperança é a "expectativa otimista da realização daquilo que se almeja". Em citação de Motta (2018), oriunda do latim *spes*, a palavra esperança remete à confiança em algo positivo. Dela derivou o verbo *sperare*, esperar, em latim, "ter esperança". Portanto, é uma expressão que demanda uma dinâmica, pressupondo ação, atitude da parte de quem espera, criatividade, comunicação, interatividade. Não é, portanto, sinônimo de inércia.

Ao longo da história, importantes pensadores se referiram à esperança, como Aristóteles, que a definiu como o sonho do homem acordado. Igualmente, Espinosa apregoava que ela pressupõe um desafio pessoal para manter-se em foco e enfrentar os desafios para a sua conquista. Neste exercício de interlocução entre esperança e espiritualidade, se infere a definição utilizada por Motta, no contexto da psicanálise, que a apresenta como presença viva da capacidade de construir um viver com tons e características singulares, que contém a certeza do valor de se sentir vivendo a cada dia, mesmo com as dificuldades naturais inerentes a toda vida humana. Esperança, portanto, "é esperar algo positivo em aliança com o gesto, que nos direciona para o encontro com o outro. E nesse encontro com o outro, há também a integração com o passado (cultura), a comunicação (eu-outro) e a criação (presente e futuro)" (MOTTA, 2018, p. 310).

A palavra "esperança" traz em si significados que remetem a idealismo, fé, determinação, mito, utopia, dentre outros, podendo-se apontá-la como uma das características propulsoras do indivíduo, a qual, se faltar, poderá comprometer ou mesmo "travar" o seu desenvolvimento.

A esperança pode ser entendida em dois movimentos: intrínseco e extrínseco. No primeiro, é advinda de determinações internas, decisões e atitudes pessoais. Neste, fazendo um paralelo com uma definição de Coll (1996, p. 165), a esperança é calcada em reforçadores internos de conduta que fortalecem o sentimento de autodeterminação. Aqui se inclui a espiritualidade como importante elemento que, se adequadamente vivenciada, poderá ajudar o sujeito a desenvolver um olhar positivo sobre si mesmo e suas potencialidades, e, assim, orientar as próprias escolhas, consciente da competência pessoal para utilização plena das suas habilidades nas realizações das próprias tarefas. O segundo é a esperança advinda de aspectos externos, denominados como "reforçadores externos da conduta" como o apoio e aprovação por outras pessoas e recompensas por resultados.

Uma questão importante a ser levantada, face aos propósitos do presente texto, é identificar aspectos que podem comprometer a esperança ou, em outras palavras, provocar desesperança, e, assim, poder identificar meios que possibilitem agir sobre eles. Neste caso, dentre vários meios possíveis, a espiritualidade comc elemento reforçador da esperança foi a alternativa escolhida.

Geradores de desesperança

Quais, portanto, seriam os possíveis fatores geradores de desesperança? Esta indagação se impõe, porque os tempos atuais têm mostrado o crescimento expressivo do número de pessoas que literalmente perdem a esperança, sendo que algumas simplesmente desistem de viver. Esta situação tem atingido as mais variadas classes sociais e faixas etárias de forma indistinta, e um agravante que cada vez mais preocupa é o crescente número de casos envolvendo também adolescentes e até mesmo crianças. As causas são variadas e incluem pressão por sucesso, frustrações, desgastes por tentar corresponder às expectativas próprias ou de outrem, casos de *bullying*, entre outros. São cenários que fazem com que certos indivíduos, alguns muito cedo, percam a esperança em si mesmos, nos outros e na própria humanidade. Nesse contexto se situam os casos de violência, frustrações e experiências negativas, algumas ocorridas num passado distante, mas que deixaram graves marcas e sequelas de ordem psicológica, física e comportamental.

Atualmente, com o advento das novas tecnologias de informação, leis de proteção a vítimas de violência e abusos, ONGs de apoio social e sobretudo maior conscientização por parte da população, foi criado um ambiente favorável para que casos assim sejam expostos publicamente, denunciados, e, dependendo da gravidade, punidos criminalmente. Algumas situações são tão graves que praticamente apagam a chama da esperança no coração das vítimas. Dois depoimentos de casos verídicos ilustram tais situações:

- Júnior (nome fictício) – relato de familiar – *"Quando criança sofreu* bullying *em casa e na escola. Hoje, aos 23 anos, não sai de casa e raramente sai do quarto. Tem problemas de saúde e pensamentos suicidas, 'vê' espíritos maus. A mãe sofre e fica 24h com ele. Os demais, irmãos e pai, dormem no 2º andar."*

- Mônica (nome fictício) – jornalista – *"No segundo ano do ensino médio, percebi que alguma coisa estava errada comigo. Se o professor fechasse a porta, era motivo para eu querer sair. Igualmente se ele aumentasse o tom de voz para tentar competir com a nossa conversa. Se falasse de vestibular então, aí sim era um 'motivão' pra sair! [...] 'Se não estudar, não vai passar na Federal.' 'Se não for o melhor da turma, como vai passar em medicina?'. [...] Era assim comigo também, mas só hoje eu entendo que essas perguntas me faziam ter medo. Medo do futuro, da mudança, de não ter certeza. Por algum tempo eu passei despercebida. NENHUM professor notou que eu saía da sala desesperada. [...] E assim os dias foram passando. Não muitos, porque eu sempre tive um anjo na minha vida, que estava de olho em mim, minha mãe. E então começou o 'corre-corre' pra saber o que estava acontecendo. Até o diagnóstico: Síndrome do Pânico. 'Mas, e agora? Eu tô ficando louca?' Essa é a primeira coisa que passa pela nossa cabeça! E sabe por quê? Porque a gente não tem o mínimo conhecimento sobre doenças psicológicas, não tem acompanhamento na escola, ninguém nos orienta sobre isso, e quem tem o problema, tem vergonha de falar. E só pra concluir esta história, eu não tive apoio dentro da minha escola. Foi preciso apresentar laudo médico para conseguir sair da sala quando precisasse, e fazer prova isolada dos meus amigos por dois anos. E tudo isso porque a escola não estava preparada para lidar com a minha doença."*

Um importante aspecto a ser considerado para a disseminação do sentimento de desesperança é que vivemos em uma modernidade líquida, como apregoa Bauman (2001). Conforme a definição do autor, esse é o estágio atual da vida moderna que apresenta características de fluidez, mudança constante, mobilidade e inconstância. Tal contexto cria um clima de permanente insegurança, por conta da sensação de eterna incompletude e instabilidade, pois na modernidade líquida nada é permanentemente seguro e definitivamente conquistado. Nela, diferentemente de épocas passadas, as instituições são frágeis, fazendo com que o peso da responsabilidade pelos fracassos recaia sobre os ombros dos indivíduos. As instituições, com o tempo, foram sendo desconfiguradas, hoje existindo apenas circunstancialmente, sendo denominadas por Bauman de instituições "zumbis" ou "mortas-vivas". Inclusive a família, que neste contexto perdeu muito de sua essência e força original. Assim, o clima permanente de insatisfação e angústia atinge com mais intensidade os mais jovens, que ainda não desenvolveram estruturas internas que os capacitem a lidar com frustrações. Neste cenário, a grande contradição é que a humanidade, apesar de ter atingido um nível de desenvolvimento tal, com ofertas e oportunidades nunca vistas antes na história, paradoxalmente não consegue proporcionar felicidade às pessoas. Como se depreende da definição de Adorno (2006), de que os bens da indústria cultural, assim como as mercadorias da sociedade de consumo capitalista, produzem satisfação de interesses eminentemente objetivos, sem atingir dimensões mais elevadas das expectativas humanas. Por mais que se consuma, nunca se está plenamente satisfeito. A infelicidade, portanto, nesta sociedade líquida, ocorre em meio ao excesso e não a falta de opções, como em gerações passadas.

Benefícios da espiritualidade

A espiritualidade, em seu sentido mais amplo, na perspectiva de transcendência, traz em si esse caráter de "ressignificar" a vida, ou momentos dela, tornando a existência algo dinâmico.

Para maior clareza dos conceitos, é oportuno o esclarecimento de Koenig *et al.* (2004) quanto às diferenças entre religião, religiosidade e espiritualidade. A espiritualidade independe de práticas religiosas, tendo o seu foco no existencial, no sentido da vida, morte e pós-vida e na relação com o transcendente. A religião é definida como um conjunto de crenças organizadas socialmente, com ritos, dogmas e práticas individuais e coletivas; e a religiosidade é a forma como os indivíduos vivenciam a religião.

Uma questão que se apresentou no início da presente reflexão foi onde encontrar contribuições que estivessem em conformidade com o significado original de esperança, principalmente no seu aspecto dinâmico. Estudando autores de Psicologia Positiva, foram identificadas contribuições significativas que vieram de encontro a essa expectativa. Porque, para esses estudiosos, felicidade e esperança parecem caminhar juntas e têm na espiritualidade um importante suporte. Suas pesquisas identificaram que pessoas que vivenciam a espiritualidade de modo equilibrado são, no geral, mais felizes e dotadas de esperança. Para chegarem a esta conclusão foram estudar tradições filosóficas veneráveis, que ao longo de milênios têm impactado culturas, como o pensamento de Confúcio, Aristóteles, Santo Tomás de Aquino, o *Bushido* (o código de ética dos samurais) e o *Bhagavad-Gita* indiano. Em todas, identificaram uma curiosa convergência, a espiritualidade, a qual está dentre as virtudes principais encontradas nas pessoas esperançosas e felizes (SELIGMAN, 2004; CSIKSZENTMIHALYI, 1992).

Seligman (2004), a este respeito, destaca três pilares fundamentais: emoções positivas, traços positivos e instituições positivas. No primeiro, o das emoções positivas, é ressaltada a esperança, que aliada à confiança, é essencial principalmente em momentos difíceis, como o que vivemos com a pandemia que atinge a humanidade, causada pela COVID-19. Os indivíduos dotados de emoção positiva, que nesta reflexão estão associados ao conceito de inteligência emocional da Psicologia Cognitiva de Golleman (2011), são mais fortes e resilientes. Aqui o conceito de resiliência deve ser entendido no âmbito da psicologia, ou seja, como a capacidade humana de fazer frente às adversidades. Como cita Tavares *et al.* (2001): "Trata-se de uma qualidade de resistência e de perseverança do ser humano face às dificuldades de vida" (SCHMIED; LAWLER, 1986; RACK; PATERSON, 1996 *apud* TAVARES *et al.*, 2001, p. 86). Em tais indivíduos, a esperança é um dos componentes que os remetem à busca da superação. Daí a compreensão de pessoas que embora cultivem a espiritualidade, aparentemente não se beneficiam dessa experiência por lhes faltar emoções positivas, assim, apresentam-se tristes, infelizes, negativas, problemáticas e em certos casos depressivas. A esperança parece ter sido comprometida.

No segundo pilar, o dos traços positivos, a Psicologia Positiva observa o peso das virtudes que são colocadas ao lado de forças e habilidades. Do que se depreende que, para haver equilíbrio entre esperança e espiritualidade, a emoção positiva deverá estar calcada no cultivo das virtudes. Virtude que Aristóteles (2007), na *Ética a Nicômaco*, denominou de *aretê,* definindo que é pelo seu exercício que vamos encontrar felicidade e satisfação na vida. Emoção positiva, portanto, mesmo com a prática da espiritualidade, mas desvinculada do exercício do caráter, pode ser nefasta. Desvios de caráter em algum momento poderão trazer consequências, por maiores que possam ter sido as conquistas. A experiência tem mostrado que por vezes pessoas assim comprometem em segundos a construção de toda uma vida.

No terceiro pilar estão as instituições positivas, aquelas que dão suporte às virtudes e, por sua vez, favorecem as emoções positivas. Aqui estão situadas as instituições que culturalmente impactam diretamente no desenvolvimento humano como família, escola, igreja e grupos sociais afins, que favorecem o ambiente propício ao desenvolvimento da espiritualidade.

É a prática da espiritualidade, aliada ao cultivo das virtudes, que possibilitará a felicidade e manterá acesa a chama da esperança, permitindo alcançar o ponto de equilíbrio, que Aristóteles chamou de "vida boa", vida de bem-estar e felicidade, denominada por ele de *eudaimonia*. Seligman (2004, p. 78) aponta, nesta perspectiva, alguns dos benefícios da espiritualidade:

- Senso de significado – "As religiões infundem esperança no futuro e dão significado à vida";
- Otimismo – "Aumento do otimismo causado por uma maior responsabilidade é inteiramente responsável pelo aumento da esperança";
- Responsabilidade com o futuro – "A relação entre esperança no futuro e fé religiosa é provavelmente a pedra angular do motivo pelo qual a fé afugenta o desespero e aumenta a felicidade. A relação entre significado e felicidade, tanto no aspecto religioso como no mundano";
- Vida mais saudável – "A relação causal entre religião e uma vida mais saudável, de mais socialização, não é mistério. Muitas religiões condenam as drogas, o crime e a infidelidade, enquanto incentivam a caridade, a moderação e o trabalho árduo";
- Solidariedade – As pessoas religiosas se juntam a outras, formando uma comunidade solidária de amigos, em que todos se sentem melhores.

Espiritualidade – saúde e psicologia

Fritjof Capra (1982) chama a atenção para a importância da consideração da espiritualidade nos contextos da medicina, da psicologia e da psicoterapia quando enfatiza a importância da abordagem holística da saúde, numa crítica ao reducionismo do pensamento cartesiano mecanicista.

> O moderno pensamento científico – em física, biologia e psicologia – está conduzindo a uma visão da realidade que se aproxima muito da visão dos místicos e de numerosas culturas tradicionais, em que o conhecimento da mente e do corpo humano e a prática de métodos de cura são partes integrantes da filosofia natural e da disciplina espiritual (CAPRA, 1982, p. 299).

Desde Galileu, Descartes e Newton, os criadores da ciência moderna, nossa cultura está focada no conhecimento racional, na objetividade e na quantificação. Por conta das restrições dessa concepção de ciência também no campo da saúde, o corpo humano tem sido considerado como uma máquina, a ser analisada em termos de suas partes. A doença, nesse sentido, é vista como um mau funcionamento de mecanismos biológicos. A mente e o corpo são vistos em separado e a saúde é definida como a ausência de doença. Essa concepção restrita está evoluindo para uma apreciação mais holística e ecológica de mundo, que não considera o universo uma máquina, mas um sistema vivo; essa nova concepção enfatiza a inter-relação e interdependência essenciais de todos os fenômenos, dentre eles a espiritualidade para uma vida efetivamente saudável.

A saúde é, portanto, um fenômeno multidimensional, que envolve aspectos físicos, psicológicos e sociais, todos interdependentes. É, assim, uma experiência de bem-estar resultante da integração e do equilíbrio dinâmico de todos eles. Nesse sentido, a doença é uma consequência de desequilíbrio e desarmonia, e pode, com muita frequência, ser vista como decorrente de uma falta de integração. Assim, a cura da doença não fará necessariamente com que o paciente fique saudável, mas a enfermidade pode ser vista como uma oportunidade para que a introspecção resolva a raiz do problema.

Freud e Jung tinham um profundo interesse pela religião e pela espiritualidade. Freud procurava encontrar explicações racionais e científicas para as crenças e os comportamentos religiosos, e Jung, por conta de suas experiências religiosas pessoais, estava convencido da realidade da dimensão espiritual da vida. Este concluiu que a espiritualidade genuína é parte integrante da psique humana (CAPRA, 1982).

Como fortalecer a experiência da espiritualidade

À guisa de sugestão, apresentamos algumas recomendações, que constituirão o pano de fundo para a efetividade da relação esperança-espiritualidade.

Assumir o controle de nossa vida interior – Czikszentsmihaly (1992) aponta para a necessidade de um protagonismo no sentido das decisões que irão pautar nossa vida. Infere-se de sua reflexão que pessoas efetivamente religiosas demonstram esforço, compromisso com a reflexão e um pensamento voltado para a própria vivência da espiritualidade. O que vem de encontro à afirmação do apóstolo Paulo, que faz um paralelo entre a experiência do crente e a disciplina de um atleta para conquistar a coroa nas competições esportivas. Assinala que "nós", os cristãos, "buscamos uma coroa incorruptível" (I Cor, 9:25). Nesse sentido, conclui Czikszentsmihaly (1992), está a importância da consciência de que tudo o que sentimos é representado primeiramente na mente como informação, seja alegria ou tristeza, interesse ou tédio. Assim, se formos capazes de controlar essas informações através de atitudes positivas e esforço pessoal, poderemos ter maior domínio sobre nossas emoções e consequentes reações.

Cultivar a autoestima – Autoestima é o conceito e o sentimento que cada um tem sobre si mesmo. Segundo Mendes (2010, p. 162), "é ter consciência do seu valor, acreditar, respeitar e confiar mais em si, reconhecer os seus limites e agir para superá-los, reconhecer os seus valores e a sua história, expressar seus pensamentos e sentimentos sem medo. Perceber-se como uma pessoa competente, capaz, e não viver na eterna dependência da aprovação dos outros".

Parar de se comparar com os outros – Algumas pessoas sofrem por serem extremamente dependentes e limitadas à opinião dos outros. Para tanto, Mendes (2020) recomenda a importância de procurar se conhecer. Descobrir e valorizar as próprias qualidades e parar de dar valor excessivo aos próprios defeitos. Aprender com as experiências passadas. Cuidar do seu corpo e de sua forma física. Tratar-se com carinho e respeito. Acreditar-se como alguém único, especial e que merece ser amado. Procurar fazer todos os dias algo que goste e lhe deixe feliz, como vencer um desafio, ler um bom livro, fazer uma caminhada, conversar com um amigo, dentre tantas opções interessantes.

Um testemunho de fé e esperança pode contribuir para iluminar a compreensão de aspectos teóricos abordados nesta reflexão: pedimos a uma amiga professora que redigisse um relato da experiência do que vivenciou com a filha. Conservamos a sua linguagem que revela seu caráter religioso. Os nomes e lugares foram omitidos para respeitar a necessária privacidade.

Deus transforma em bem os revezes da vida que a Ele entregamos

Ficamos muito preocupados quando, um dia, percebemos que o olhar de doçura de nossa filha M. K. parecia não mais existir. As conversas sobre os amigos da escola e seus professores iam deixando de ser o tema das partilhas. [...] Ela estava sofrendo bullying *na escola e o que era também mais triste, praticado por uma professora. Sentava-se na primeira carteira, e mesmo assim não conseguia terminar cálculos matemáticos no tempo estipulado. Por conta disso, passou a ser ridicularizada perante a sala com os gritos da professora seguidos pelos comentários de que não era comprometida, nem responsável o suficiente. Consideramos que a melhor atitude seria a troca de ambiente escolar, e assim fizemos. O novo colégio dispunha também de um projeto no contraturno, que reunia alunos do ensino fundamental para produzir artesanatos e desenvolver o processo interativo entre os alunos. [...]*

Novas amizades começaram a surgir e ficamos esperançosos de que havíamos tomado a decisão acertada. Porém, numa noite em que a ajudávamos a se arrumar para a festa junina na escola, percebemos que ela não demonstrava entusiasmo. Inquirida, revelou que naquela tarde ela havia frequentado o projeto e aconteceu um fato desagradável. Havia sido convidada a ser maquiada por algumas colegas no banheiro. [...] Haveria uma regra, ela deveria ficar com os olhos fechados e só os abriria quando tudo estivesse pronto. [...] Mas ao abrir os olhos, o susto, se viu no espelho com o rosto totalmente coberto por batom vermelho e entrou em pânico. [...] O fato foi comunicado à coordenação, que entendeu ser uma brincadeira sem maldade entre adolescentes, como é de praxe muitas vezes nas práticas de bullying*, e, também, não acatou nosso pedido de socorro, temerosos por consequências mais graves. Nos sentimos sem apoio [...]. A partir daquele episódio ela não mais chorava, tornou-se introspectiva, e passava horas trancada no quarto. O rendimento escolar foi brutalmente atingido, pois não havia mais nenhum interesse por tarefas e trabalhos. Quando recorríamos ao colégio, éramos informados de que ela era muito fraca e não acompanhava o ritmo da instituição. [...] Ela foi reprovada. Certo dia, no meio de angústias e incertezas, em lágrimas, recorri em oração a Jesus através de São José, santo de nossa devoção. Pedia que nossa filha pudesse ser acolhida em outra escola em que mesmo fraca, pudesse chegar pelo menos ao Ensino Médio. Ao procurarmos a coordenação, com surpresa fomos informados de que ela era calma, querida e muito esforçada. Durante seis anos, nunca fomos chamados ao colégio pelos motivos de outrora e, assim, enfim concluiu o Ensino Médio. Tomamos o cuidado de não pressioná-la a uma escolha precoce de um curso de graduação, no entanto, ela demonstrou interesse em prestar o ENEM (Exame Nacional do Ensino Médio). Os resultados foram surpreendentes. Conquistou duas aprovações em Engenharia de Alimentos, uma em Santa Catarina e outra na Universidade Federal Tecnológica de Medianeira. E faltaram poucos pontos para ingressar também nas Universidades Federais de Santa Catarina e Santa Maria no Rio Grande do Sul, em Arquivologia.*

E, para nossa surpresa, nos disse que "o passado havia sido passado a limpo", e que gostaria de trabalhar na área da beleza e especializar-se na região facial. Inicialmente fará um curso técnico e posteriormente ingressará na graduação de Estética. A jovem que se viu um dia ridicularizada com o rosto inteiramente coberto por batom vermelho, irá se dedicar a embelezar o rosto das pessoas. A espiritualidade despertou em nossa filha a esperança e ampliou a sua visão interior, [...] quando no auge de nossa dificuldade recorrermos Àquele que tudo pode, Jesus Cristo. [...] Um passado não pode ser mudado, mas pode ser revisto com os olhos da fé.

A partir desse conjunto de reflexões sobre esperança e espiritualidade, algumas particularidades do atual cenário da pandemia da COVID-19 precisam ser situadas: fomos pegos de surpresa; não houve oportunidade de preparação; as construções históricas do homem no campo da ciência e nas demais áreas do conhecimento, em particular na medicina, no momento parecem se mostrar frágeis para equacionar o problema; as economias nacionais estão sendo duramente castigadas, prevendo-se consequências incalculáveis e, pelo que se apresenta, atingirão a todos indistintamente. O desafio de se reinventar para poder sonhar em prosseguir apresenta-se para todos; e, "desequilíbrio" parece ser a expressão que melhor traduz o atual quadro. Estamos "des-equilibrados", na acepção da palavra. Como será a vida doravante? Particularizando, como será a minha e a sua vida? Onde encontraremos forças para fazer frente aos desafios que se apresentam a nós?

Nesse contexto, esperança e espiritualidade se inferem na conhecida máxima de São Bento, *ora et labora* (ora e trabalha), ou seja, é importante ter e cultivar a fé e a esperança, acompanhadas de atos concretos rumo aos objetivos almejados. Como bem observa o missionário Marcio Mendes:

> Ninguém sabe o que reserva o dia de amanhã, o Espírito Santo nos ensina o que fazer: entregue ao Senhor a sua sorte. Isto é, entregue a

> Ele o seu futuro. Espere Nele, pois é certo que Ele vai agir. Entregar a sorte ao Senhor não é cruzar os braços. A sorte tem suas regras e, para o homem de Deus, ela não é tão cega. A sorte conta com a ajuda do esforço. Como diz o ditado: Deus ajuda a quem cedo madruga. A sorte favorece as mentes preparadas (MENDES, 2010, p. 167).

Por que esperança e espiritualidade se apresentam como alternativas para superar desafios, paradoxalmente, em um contexto de alto desenvolvimento científico e tecnológico? Porque a humanidade, mesmo imersa em suas fantásticas conquistas, parece ter perdido o rumo. E quando isso ocorre, conforme Michel Quoist (2014), é preciso reconstruir o homem, para que este reconstrua o mundo. Essa reconstrução interior do ser humano é tarefa precípua da espiritualidade, que resgata nele a autoestima e a esperança, levando-o a reconhecer-se como alguém dotado de forças interiores, qualidades e talentos, por vezes desconhecidos ou adormecidos. A espiritualidade tem o condão de reacender a chama da esperança, aspecto vital para o sentido de resiliência e retomada do vigor rumo à conquista de objetivos. A esperança é tão importante para o homem se preservar psicologicamente, reagir e ordenar seu mundo, que é citada por Viktor Frankl (2020) em seu livro *Em Busca de Sentido*, em que narra sua experiência vivida em um campo de concentração durante a Segunda Guerra Mundial. Ele observava que mesmo naquele lugar de sofrimentos, as pessoas que tinham um propósito encontravam um sentido para viver e forças para lutar pela sobrevivência. É o que observamos, por exemplo, em casas religiosas de recuperação de dependentes de álcool e outras drogas com as quais mantemos contato, em que os casos de sucesso são os de pessoas que passaram pelo processo de reconstrução interior acima descrito. E é, igualmente, o que temos visto em casos que estamos acompanhando no contexto da atual pandemia, pessoas alicerçadas na espiritualidade, de forma positiva e resiliente, estão ressigificando a vida principalmente quanto à qualidade da sociabilidade e dos vínculos humanos, e, como consequência, se reinventando também no sentido socioprofissional pela reestruturação de empreendimentos e projetos pessoais.

Que a presente reflexão possa ter servido para acionar forças importantes para os grandes e pequenos desafios da vida, forças essas que em sua maioria podem ser encontradas a partir da vivência da espiritualidade. Igualmente, pelo cultivo de práticas de autoconhecimento, autocuidado e encontro ou reencontro com a divindade de sua profissão de fé, encontro ou reencontro consigo mesmo, com a natureza e com os seus semelhantes, por mais diferentes que o sejam. O Cristo, modelo perfeito de equilíbrio, conseguia ter para com um leproso, uma criança ou uma prostituta o mesmo olhar totalizante que devotava à sua mãe. Francisco de Assis, o santo ecológico, igualmente, assim se relacionava respeitosamente com a natureza chamando seus elementos de "irmã água", "irmão sol", "irmã lua". Posturas equilibradas norteadas pela espiritualidade, importantes para tempos tão conturbados e desafiadores para o gênero humano.

Referências

ADORNO, Theodor W. *Educação e Emancipação.* 4. ed. São Paulo: Paz e Terra, 2006.

ARISTÓTELES. *Ética a Nicômaco*. São Paulo: Martin Claret, 2007, p. 17-55.

BAUMAN, Zygmunt. *Modernidade Líquida*. Rio de Janeiro: Zahar, 2001.

BÍBLIA, N. T. "I Coríntios". *Bíblia Sagrada.* 17. ed. Tradução da CNBB. São Paulo: Canção Nova, 2012, p. 1408.

CAPRA, Fritjof. *O Ponto de Mutação: A ciência, a sociedade e a cultura emergente.* São Paulo: Cultrix, 1982, p. 299-379.

COLL, C. *et al. Desenvolvimento Psicológico e Educação: Psicologia da educação.* Vol. 2. Porto Alegre: Artes Médicas, 1996.

CSIKSZENTMIHALYI, M. *A Psicologia da Felicidade*. São Paulo: Saraiva, 1992.

FRANKL, Viktor E. *Em busca de sentido: Um psicólogo no campo de concentração*. 25. ed. Petrópolis: Vozes, 2020.

FERENCZI, S. "Confusão de língua entre os adultos e a criança" (1933). Trad. A. Cabral. *Obras completas: Psicanálise IV*. São Paulo: Martins Fontes, 1992, p. 97-108.

GOLEMAN, Daniel. *Inteligência Emocional*. 18. ed. Rio de Janeiro: Objetiva, 1995.

MENDES, M. *O Dom da Cura*. Cachoeira Paulista: Canção Nova, 2010.

MOTTA I. F. da. "A capacidade para a esperança". *In*: MOTTA I. F. da; ROSAL, A. S. R. de; SILVA, C. Y. G. da (Orgs.). *Psicologia: Relações com o contemporâneo*. São Paulo: Ideias & Letras, 2018, p. 303-312.

QUOIST, M. *Construir o Homem e o Mundo*. Lorena: Cléofas, 2014.

SELIGMAN, Martin. E. P. *Felicidade Autêntica*. Rio de Janeiro: Objetiva, 2004.

TAVARES, J. *et al. Resiliência e Educação*. 2. ed. São Paulo: Cortez, 2001.

Considerações finais:
A esperança no viver

Ivonise Fernandes da Motta
Cláudia Yaísa Gonçalves da Silva

A vida humana é permeada por ciclos. Desde o nascimento até a morte quantas experiências são vividas? Quantos encontros e desencontros, tropeços e levantes? Caminhos que são percorridos como traços e linhas que vão e vêm. Onde está a esperança nesse percurso? Entre tantas explicações, a esperança, nas diversas fases da vida, poderia ser pensada como um fio condutor que facilita e impulsiona o caminho, que permite que o fluxo de experiências aconteça e a vida seja colocada em movimento.

Quando o ser humano chega ao mundo, ainda não alcançou o estatuto de um sujeito em si integrado em uma unidade, trata-se de um bebê que precisa ser atendido em suas necessidades básicas para a sobrevivência. Porém, apenas prover a atenção a essas necessidades não se faz suficiente para que o bebê humano amadureça e tenha a possibilidade de se constituir em um ser único. Então, além de alimentá-lo, trocá-lo e banhá-lo, insere-se ainda o contato emocional por meio das trocas de olhares, do acalento do colo e das palavras da mãe (cuidadora) que oferece um lugar, um contorno e um sentido à sua existência.

Importante notarmos que o bebê, por si só, não se reconhece habitando no mundo. É por meio do outro que essa aproximação com a realidade objetiva é possibilitada. São os adultos de referência, os pais e cuidadores que aos poucos facilitam o processo de amadurecimento auxiliando a integração em uma unidade e o desenvolvimento do potencial do bebê. Então, como a esperança pode ser expressa nessa fase? Entendemos que os gestos espontâneos do pequeno ser humano, o choro que requer atenção, balbucios e movimentos do corpo que buscam contato com os cuidadores vão constituindo um diálogo vivo. Assim, a esperança é possibilitada pelo ambiente de confiabilidade que favorece a manifestação dos gestos autênticos do bebê.

Quando tudo caminha bem, em uma etapa posterior, acompanhamos a expansão do contato do sujeito com o mundo pela inserção da criança na sociedade fazendo interlocução com a cultura e articulação com os processos de escolarização. Na infância, a esperança pode ser notada pelo brincar livre da criança, pela exploração do mundo da fantasia e da criatividade, pela curiosidade em descobrir as coisas. Uma criança que tem esperança é aquela que tem resguardada a possibilidade de experimentar e olhar com interesse o mundo que se abre à sua frente. Nesse sentido, a esperança é facilitada pela possibilidade de a criança dar continuidade ao seu amadurecimento, sendo protegida de excessos em sua existência e estimulada em suas potencialidades.

Mais à frente, a adolescência registra o seu acontecimento principalmente pela busca de construção de uma identidade própria. Seria a procura de um lugar no mundo. Nesse tempo, os grupos possuem um significativo valor como espaços onde o adolescente pode estar e se identificar com pessoas que compartilham de interesses e assuntos próximos aos seus. O grupo também acrescenta aspectos novos ao adolescente e abre a possibilidade para diferentes perspectivas. A esperança no adolescente está em poder vislumbrar algo para sua vida, fazer planos, sonhar, acreditar, mesmo quando as aspirações parecem tão distantes de serem concretizadas. Não saudável seria um adolescente indiferente, sem vislumbres, sem brilho nos olhos. Por outro lado, a ousadia do adolescente em acreditar que pode ultrapassar padrões e construir algo que leve seu registro, deixando a sua marca, é pura expressão de esperança!

Na vida adulta percebemos que as prioridades mudam de acordo com a etapa em que a pessoa está; se é um jovem adulto ou um adulto maduro. Desde a busca pela concretização de projetos no âmbito familiar, relacional ou profissional até a redefinição de valores. O sujeito se vê diante da necessidade de tomar decisões e assumir as consequências. O adulto se depara com as exigências sociais que o levam a buscar uma ponderação entre traçar objetivos articulados à sua essência e às pressões externas (casamento, filhos, casa própria, empreendimentos). Como se vivencia a esperança na idade adulta? Um caminho possível seria solidificando a crença em si, em suas potencialidades, em seus recursos internos para enfrentar as adversidades. Devido ao maior grau de amadurecimento esperado no adulto, pode-se encontrar na espiritualidade, na fé, na crença no humano e nas diversas atividades culturais uma via que sustenta a esperança, uma esperança (cri)ativa.

Ao alcançarmos a terceira idade temos a chance de olhar para trás e nos depararmos com a nossa história por uma outra lente, pela perspectiva de quem deixou "pegadas na areia". São tantos caminhos percorridos, abraços sentidos e despedidas realizadas, mas, ainda assim, a velhice pode evidenciar um novo começo. O sujeito é levado a perceber os limites do corpo, redescobrir prazeres, aprender com as novas gerações, redefinir valores e contemplar as suas marcas identificando quão longe chegou. A esperança está na vida que se torna poesia, no dia a dia que descortina surpresas, no saber valorizar os pequenos gestos, em poder vivenciar o aqui e o agora. O adulto da terceira idade tem a possibilidade de perceber que é hora de desacelerar, desfrutar do tempo que se tem com as pessoas que trazem alegria e assimilar que enquanto houver vida pulsante, há esperança!

***

No século XXI, nós temos a digitalização da realidade. Vivemos em outro tipo de temporalidade. Tudo é mais rápido. Assistimos a uma diminuição dos espaços de convivência, o que tem acarretado diferentes tipos de sofrimentos. A criança, o adolescente, os pais, os adultos e os idosos sofrem influências de um mundo que muda vertiginosamente rápido. Os relacionamentos são influenciados de maneira impactante por esse outro tipo de temporalidade. Os limites estabelecidos entre o eu e o mundo vão sendo alterados, causando perplexidade.

Há muitas vantagens no mundo digital do século XXI, como a que encontramos no ano de 2020 com a pandemia que trouxe mudanças impactantes e inesperadas no viver. A maior parte da população tem atravessado esse ano desenvolvendo trabalhos através do mundo digital. Da mesma maneira, escolas e universidades mantêm suas atividades *on-line*. Muitas plataformas digitais são utilizadas. Sem dúvida, muitos ganhos são possíveis com esses avanços da tecnologia.

Ao mesmo tempo, assistimos a uma hiper utilização dessa linguagem, desse modo de relacionamento. Por vezes, assistimos a digitalização definir a existência humana e invadir o existir humano. O corpo tem uma organização rítmica que lhe é própria. Quando é afetado por outra temporalidade que exige uma aceleração para o qual não está preparado acontece o estresse: a ditadura do mundo digital. Uma necessidade básica em termos de contato corporal é a da ternura. O toque do corpo sensualmente movido pelo afeto (Ferenczi). Com o excesso de erotismo com pouca experiência de troca afetiva, observamos vários tipos de desencontros. Num mundo onde há o desaparecimento do humano, do abraço, a esperança pode perder seu lugar. E se não há esperança inexistem os sonhos de futuro que possibilitam o transcender, a expectativa de mudanças e renovações.

Quando analisamos as vantagens e desvantagens do mundo digital concluímos sobre a importância de marcarmos os registros do passado, da história que nos leva em direção ao futuro. Um futuro para incluir a esperança em viver em um mundo com sentido e valor necessita da existência de um transitar entre o passado e o futuro, com interlocução e presença do outro; presença do corpo com ternura, presença do outro que é presença viva.

Olhando por essa perspectiva, vemos a importância dos centros de convivência, da cultura em suas múltiplas facetas, sendo estes fundamentais para preservar e direcionar a esperança no presente e no futuro. A qualidade dos cuidados iniciais oferecidos ao bebê e ao longo de toda existência humana possibilita o nascer, uma entrada no mundo e um caminhar ao longo da existência com condições mais positivas. A experiência ilusória de ser o criador do mundo é uma maneira de traduzir a qualidade de cuidados que podem ser oferecidos a um recém-nascido e com esse tipo de vínculo os cuidados fundamentais e necessários ao viver com esperança. Independentemente de recursos financeiros, a qualidade do contato, da adaptação da mãe e dos cuidadores ao longo de nossa existência direciona a uma maior ou menor proximidade com a esperança.

Ilusão, imaginação e ternura são componentes vitais na saúde e no viver. No contato com o outro compartilhamos sonhos, ilusões e desilusões. Contatos que possibilitam pontes entre as realidades subjetiva, objetiva e compartilhada possibilitam a passagem e união entre passado, presente e futuro.

Nesse encontro, a poesia é linguagem facilitadora na tradução de tantas complexidades características do viver humano, e até mesmo expressão das perplexidades e desencontros do viver no mundo digital, incluindo os paradoxos vivenciados em 2020 com a pandemia. A linguagem simples, coloquial, traduz aspectos essenciais da alma humana que nos aproxima da ternura, da comunicação, da confiança e da esperança.

Aninha e suas pedras – Cora Coralina[1]

Não te deixes destruir…
Ajuntando novas pedras
e construindo novos poemas.
Recria tua vida, sempre, sempre.
Remove pedras e planta roseiras e faz doces. Recomeça.
Faz de tua vida mesquinha
um poema.
E viverás no coração dos jovens
e na memória das gerações que hão de vir.
Esta fonte é para uso de todos os sedentos.
Toma a tua parte.
Vem a estas páginas
e não entraves seu uso
aos que têm sede.

1 CORALINA, Cora. "Aninha e suas pedras". *Pensador*. Disponível em: https://www.pensador.com/poemas_de_cora_coralina/. Acesso em: 27 nov. 2020.

Esta obra foi composta em sistema CTcP
Capa: Supremo 250 g – Miolo: Book Ivory Slim 65g
Impressão e acabamento
Gráfica e Editora Santuário